Profiles of Outstanding Contribution Prize Laureates on Eucalypt Development in China

中国桉树发展突出贡献奖群英谱

（第一集）

谢耀坚 ■ 主编

中国林业出版社

图书在版编目(CIP)数据

中国桉树发展突出贡献奖群英谱. 第一集 / 谢耀坚主编. -- 北京：中国林业出版社, 2016.10

ISBN 978-7-5038-8750-5

Ⅰ. ①中… Ⅱ. ①谢… Ⅲ. ①桉属－林业－先进工作者－先进事迹－中国－2012-2016 Ⅳ. ①K826.3

中国版本图书馆CIP数据核字(2016)第246079号

中国林业出版社·生态保护出版中心

责任编辑　李敏

出　版　中国林业出版社（100009 北京市西城区德胜门内大街刘海胡同 7 号）

网　址　http://lycb.forestry.gov.cn

电　话　(010) 83143575

发　行　中国林业出版社

印　刷　北京卡乐富印刷有限公司

版　次　2016 年 10 月第 1 版

印　次　2016 年 10 月第 1 次

开　本　787mm × 1092mm　1/16

印　张　8

字　数　166 千字

定　价　96.00 元

序

PREFACE

中国林学会桉树专业委员会编撰的《中国桉树发展突出贡献奖群英谱（第一集）》付梓，邀我作序，这不仅仅因为我是中国绿化基金会的会长，而且还是祁述雄桉树基金成立和运作的见证者。在此之前，林业行业以个人名义命名的专项基金尚无先例，以单一树种冠名的专项基金更是首创，汇集诸多获奖者（2012－2016 年共 5 批 34 人）的专集更是第一次面世。亲历在中国绿化基金会史上的诸多创新，自然令人欣慰不已。

浏览几十位获奖者的先进事迹，感触颇深的是：无论他们身处何时何地，无论是科技人员、教育工作者、管理干部，还是企业家、职业经理人；无论是风华正茂的年轻人，还是白发老者；无论是祖国同胞，还是国际友人；甚至是师生与父子……是桉树把他们凝聚在一起，是强烈的事业心和责任感成就了他们的业绩，更是他们的聪明才智、无私奉献、坚忍不拔的品质和追求真理的科学精神铸就了今天桉树事业的辉煌。可以断言，这是一部当代中国桉树的群英谱！

在由中国绿化基金会主办，全国绿化委员会、国家林业局支持的

2011 年绿化公益盛典上，中共中央政治局常委、全国政协主席、中国绿化基金会名誉主席贾庆林作了重要讲话，并与出席会议人员合照留念，此项活动旨在表彰 2011 年为绿化公益事业做出贡献的先进典型，进一步激发全社会参与绿化公益事业的热情。在此活动中，祁述雄先生荣获 2011 年“生态中国突出贡献奖”。他耄耋之年，将社会慕名赠予的 200 万元巨资无私捐献，设立中国绿化基金会个人专项基金，用于出版论著、表彰业内突出贡献者、奖掖后来有为青年人，推动桉树事业发展，促进我国生态文明建设。祁述雄先生在中国桉树史上留下了自己的英名，也留下了为后人享用不尽的精神财富。

相信“中国绿化基金会祁述雄桉树基金”今后会更好地发展壮大，并得到更多有识之士的支持，也希望获奖人员获奖事迹不断发扬光大，新的成就不断创新，新的获奖者不断涌现。

祝中国的桉树事业兴旺发达，为中国林业做出更大的贡献！

王志宝

2016 年 6 月 28 日

前言

FOREWORD

我国自1890年最早引入桉树，至2016年已有126年了。桉树具有生长快、轮伐期短、用途广、效益好等多种优势，现已成为我国南方的主要造林树种，栽培面积从20世纪80年代后迅猛增长，1986年为46.6万hm^2，2002年达154万hm^2，2008年达260万hm^2，2012年达360万hm^2，2014年已达440万hm^2。桉树为保障我国的木材安全做出了巨大的贡献，2014年生产木材超过了3000万m^3，仅用全国2%的林地生产了全国25%的木材。2014年桉树全产业链总产值超过了3000亿元，更重要的是，由于桉树用少量土地生产了大量的木材，从而间接地保护了天然林和生态林。可以说，桉树是我国林业产业和生产建设的功臣！

桉树产业在中国发展如此之快，为木材安全做出的贡献如此之大，成功的关键是什么？一言以蔽之，关键在人才！中国桉树发展之所以取得如此大的成就，是因为全国桉树界有一大批优秀的科学家、企业家、管理者全身心投入到桉树事业之中，兢兢业业，无怨无悔，为桉树事业呕心沥血，日夜耕耘，这些杰出代表是自2012年以来获得“中国桉树发展突出贡献奖”的34位人士。他们中有杰出的科学家，如白嘉雨先生；有优秀的企业家，如董汉民先生和王尚明先生；有高瞻远瞩的领导，如董智勇先生；也有敬业的管理者，如邹国明先生等等。他们在各自的岗位上，或为桉树科学研究，或为桉树产业发展，或为桉树的政府监管等方面做出了杰出的贡献。

祁述雄先生是中国桉树界的泰斗，被业界尊称为“中国桉树之父”，他是我国现代桉树事业的开拓者。耄耋之年，他将社会慕名赠予的200万元巨资无私捐献，设立中国绿化基金会祁述雄桉树基金管理委员会，所以才有以上34位获奖者。在基金管理委员会的建议下，将2012年以来34位获奖者的优秀事迹编辑成册，正式出版，以此作为全国桉树界的榜样进行宣传。此举意义重大，必将对促进我国新时期桉树事业的科学发展和林业建设的繁荣昌盛发挥重要作用。

感谢为本书的资料收集和编排做出贡献的所有工作人员，感谢中国林业出版社的大力支持，特别感谢中国绿化基金会主席王志宝先生热情为本书撰写序言，也感谢参编的各位获奖者，热情配合，提供资料，在此一并致谢。

2016年6月30日

目录

CONTENTS

王志宝在全国桉树论坛上宣布成立中国绿化基金会祁述雄桉树基金

2011 年 9 月 15 日

中国绿化基金会主席
国家林业局原局长 王志宝

很高兴有机会参加由中国林学会和广东省林业局共同主办的 2011 年“全国桉树论坛暨产业展示会”。这是一次很重要的论坛，在此会议上，我告诉大家，经过中国绿化基金会研究决定，成立中国绿化基金会祁述雄桉树基金，从现在起开始研究运作。

此次论坛主题虽然是“加强桉树的科学经营和开发利用，促进桉树可持续发展”，但是，我认为它已超出桉树研讨的范畴，关系到国家现代林业建设，关系到林业产业发展。因此，我首先要对本次论坛的召开表示热烈的祝贺，预祝论坛圆满成功。

利用论坛机会，本人作为在林业战线工作了半个世纪的老林业工作者，对如何理解和把握现代林业问题，简要的谈点儿个人意见。

一、什么是现代林业

我认为，要理解现代林业，首先要理解森林的涵义。现在社会上有一种片面的理解，认为二木成林，三木成森，树多了就是森林。实际上，这种理解并不完全正确，因为森林并不仅仅是指林木，森林的全部涵义应包括林地、林木，以及依托林木生存、生长、繁衍生息的野生动物、野生植物和微生物，这一综合体叫森林，从林学意义上讲，森林是一个群落的概念。

大家都知道，国家正在大力推进现代林业建设。在理解了森林涵义的基础上，才能理解现代林业。我认为，现代林业的基本特征有以下几条：

（1）现代林业应该是以森林多功能满足人类多需求的林业。森林的多功能可归纳为三大类：一是满足人类对生态改善的需求，即通过森林生态功能的充分发挥，确保国家的生态安全、国土安全，改善人类的生存环境；二是满足人类的经济需求，即通过森林经济功能的充分发挥，为国家经济社会发展和人民生活提高提供重要的生产、生活物质；三是满足人类的精神文化的需求，包括森林文化、森林保健、森林旅游、人居环境的改善。

这里要特别指出的是：现代林业多功能的发挥必须是和谐统一的、相互协调的。

（2）现代林业应该是森林的经营管理和利用是可持续发展的。所谓可持续发展，就是现代人对森林的经营利用以不损害森林的延续和后代的利益为前提。这就要求人们必须做到：树立人与自然、人与森林和谐共存、和谐相处的理念；确立在森林经营管理和利用中，确保森林面积越来越多，森林质量越来越好，森林各项功能越来越完备。

（3）现代林业应该是森林的经营管理和利用是以现代科技为支撑的，用现代管理手段所武装的。包括森林经营的高科技、森林管理手段和产业工艺装备的现代化。

（4）现代林业其工作应该是以高素质人才为依托的，包括各个层次、各种岗位的人才，也包括用人机制的科学化和用人待遇的合理化。

（5）现代林业其发展应该是以现代法律制度和道德观念为保证的。包括有完善的法律和规章制度；有熟悉法律法规和规章制度的各层次的法律人才；有遵守法律法规和规章制度的全民行为；有敢于与违犯法律法规和规章制度作斗争的社会风气；特别是要有全民关注生态、热爱自然、热爱森林、热爱生物的道德观念和行为。

二、现代林业的目标

从现代林业以森林多功能满足人类多需求的基本特征出发，国家提出现代林业发展的三大目标如下。

第一个目标：逐步建立比较完备的生态体系。这里有几条是重要的，一是要牢牢把握林业发展以生态建设为主的原则，绝不能以牺牲生态换取经济社会的短期快速发展；二是在推进生态建设时，要坚持政府投入为主的原则，实行各级政府责任制；三是要以大型生态工程为依托，实行重点区域重点治理；四是要坚持全民办林业的方针，大力推进全社会参与国家生态建设和保护。

第二个目标：逐步建立比较发达的林业产业体系。以森林的经济功能不断满足经济发展和人民生活提高对林产品的需求，是林业战线必须要尽的重大责任。随着国家经济社会的快速发展，可以预见到，全社会对林产品的需求，肯定是一个快速增长的过程。以木材生产为例，20 世纪末，我国木材总需求量为 2.7 亿 m^3，经过短短的 10 年，现在已增加到 4.7 亿 m^3。我们必须要考虑，我国是一个人口众多的国家，又是一个森林资源短缺的国家，如何在确保国家生态不断改善的前提下，立足国内，通过森林的科学经营，不断满足国家经济社会发展对木材的需求，是林业在推进现代化建设中，在建立比较发达的林业产业体系中，必须要考虑和解决的重大战略问题。

第三个目标：逐步建立比较繁荣的森林生态文化体系。建设繁荣的森林生态文化体系，是贯彻党和国家提出的推进生态文明建设的需要，是推进现代林业建设的需要，也是提高林业地位的需要。在传统林业思想影响下，森林生态文化建设，一直是林业工作的薄弱环节。为此，在推进现代林业建设中，必须把建设繁荣的森林生态文化体系摆上重要位置。这里有几项工作是必须着力的：一是通过科学规划，大力构建宣传森林生态文化的阵地和载体；二是通过总结历史文明，挖掘森林生态文化的内容；三是要利用各种媒体，加强森林生态文化的广泛传播；四是要破除传统的做法，把森林旅游景点和保护区，建成宣传森林生态文化的阵地。

三、现代林业的森林经营

森林的多功能相互关联又相互依存。首先，森林所有功能都是以森林资源为基础的，功能之间既存在对立的一面，也存在统一的一面，是对立统一的关系。以木材生产为例，对森林过度砍伐必然会削弱生态功能，但是也要看到，为了满足以木材为原料的加工需求，要求我们必须要大力营造人工用材林，而营造人工用材林又能直接产生生态效益，为国家生态安全提供了保证。

总之，森林功能的多样性以及功能之间的对立统一性，构成了林业行业的特殊性。那么，针对林业的这种特殊性，如何实现森林功能之间的协调统一呢？经过林业工作的长期实践，国家提出了林业分类经营的思路，这一思路已纳入中共中央、国务院《关于林业发展若干问题的决定》之中。

所谓分类经营就是以不同地区的气候、地理、土质等自然条件以及区域对森林功能的侧重需求，通过森林区划，把森林划为两大类三种经营模式。所谓两大类，就是生态公益林和商品林（包括商品用材林）；所谓三种经营模式，就是除了商品林以外，生态公益林又划为严加保护、严格禁伐的纯生态公益林和在兼顾生态效益的前提下，实行低强度采伐的兼用林。生态公益林和商品用材林分别实行不同的管理体制、不同的运营机制、不同的投入渠道、不同的植被建设方式、不同的管理方式。

之所以推进分类经营：

第一，分类经营是适应市场经济发展的需要。因为森林可以向人们提供两类不同性质的服务或产品，一类是还不能通过市场进行等价交换的无形产品，如保持水土、涵养水源、净化空气、保护生物多样性等生态公益产品，当前，生态公益性产品还不能通过市场的等价交换使经营者获得直接的经济效益；另一类是森林提供的有形产品，如木材产品、经济林产品、竹藤产品、花卉产品、林药产品等，这些产品可以通过市场等价交换给经营者直接带来经济效益。林业的这种特殊性，要求林业必须通过分类经营的改革，打破不同性质混为一谈，难以适应市场经济发展的旧的管理方式和运行机制。

第二，分类经营是适应公共财政体制改革的需要。国家实行公共财政体制改革就是国家财政支出从经营性、营利性领域退出来，重点保证政府机构、事业单位以社会公益性事业的支出，而林业恰好是集生态公益性和经营性于一体的特殊行业，如何适应国家财政体制这一改革，其办法就是实行森林的分类经营，在林业的管理上，就是通过森林区划，把生态公益林单独划出来，纳入政府的职责，政府出钱建、出钱管，因为这是政府必须承担的公益事业；而划入商品林的则必须按市场经济的要求，实行企业管理。但是鉴于商品林，特别是商品用材林具有的巨大生态效益和促进农民增收、增加农民就业等巨大的社会效益，应实行强有力的财政、信贷和税收扶持政策。

第三，分类经营是最大限度发挥不同性质林业效益最大化的需要。两种不同性质的林业，追求的效益目标是不完全相同的。因此，对于生态公益林应提倡在有条件的地方尽量采取以封育为主，或人工补植之后再抚育的植被恢复方式，因为这种方式比较容易形成自然生物群落，生态效益好，病虫害少，有利于生物多样性，而且投入也少。商品林业由于侧重追求经济效益最大化，应以高科技、高投入的人工林为主，并实行高集约经营，追求最高的林木生长量。总之，没有分类经营，就难以形成不同性质的林业不同效益的最大化。

第四，分类经营有利于林业管理的科学化。由于生态公益林与商品林性质不同，决定了两种林业责任主体不同、管理方式的不同。生态公益林的管理职责在各级政府，而商品林必须适应市场经济的需求，其责任主要在企业，在经营者。两种不同性质林业的管理方式、运行机制也是不同的。以木材采伐为例，按森林区划，划入纯生态公益林区的，必须停止一切商业性采伐；划入兼容林区的，必须发放采伐许可证，实行凭证采伐制度；划入商品用材林的，则应该实行按照森林经营者制定的森林经营方案自主采伐的制度，基层林业部门必须要按森林经营者制定的森林经营方案，进行有效监督，取消凭证采伐旧的管理办法，以利于调动造林者的积极性。

四、影响商品用材林发展的两个认识问题

一是，一定要破除纯自然保护主义的观点，正确认识和处理商品用材林和国家生态安全的关系。

当前，社会上有一种认识误区，那就是把商品用材林发展与国家生态安全对立起来，认为，要想确保国家生态安全，就必须少砍树，甚至提出中国干脆不砍树。这种把商品用材林生产与生态建设完全对立起来的观点，对商品用材林发展影响极大，因为，这些人只看到商品用材林生产与生态改善对立的一面，而没有认识到商品用材林的发展与生态改善统一的一面，相互促进的一面，是国家生态建设的重要组成部分。这种观点实际上是对现代林业思想的一种曲解。实际上，世界上林业产业比较发达的国家都是生态比较好的国家。这就需要林业部门加强宣传，提高全社会对现代林业三大功能辩证统一的认识，否则，就不能破除商品用材林发展的阻力，特别是国家有关决策部门有这种认识的话，就不可能给商品用材林发展以支持。

二是，分类经营与近自然林业之争。

一个时期以来，在森林经营问题上，国内一直存在着分类经营与近自然林业之争。

所谓近自然林业，是德国在19世纪提出的以混交林为特征的森林经营，其基本特征是：①以追求森林多功能为目的，但主体目标是生态效益；②在森林经营中，善待自然，尊重自然规律；③在森林经营中，采取顺应自然，实行自我修复的模式；④在木材采伐上，实行低强度择伐。

我认为，采取什么样的森林经营模式，既要遵从森林经营的自然规律，又要从不同国家的国情出发进行科学的选择。中国人口众多，人均占有森林资源又少，加之经济社会快速发展，对木材需求迅速增加，决不能把解决木材需求完全寄托在进口和国外采伐上，而要从中国的实际出发，走中国特色的森林经营之路，即：依据森林增长的自然规律，在坚持生态为主的前提下，推动森林的科学区划，实施森林的分类经营，大力挖掘商品用材林的林地潜力和经营潜力，提高林木生产量，以划定的较少的商品用材林地，满足国家不断增长的木材需求。

当然，在生态公益林，特别是兼容林经营中可充分吸收近自然林业经营的经验。

2012－2016 年颁奖会上的寄语与展望

中国绿化基金会祁述雄桉树基金管理委员会主任　祁述雄

中国绿化基金会祁述雄桉树基金于 2011 年 9 月在广东广州召开的“全国桉树论坛暨产业展示会”上，由中国绿化基金会主席、国家林业局原局长王志宝先生宣布成立实施，至 2016 年已奖励“中国桉树发展突出贡献奖”人物 34 名，分别为：2012 年 10 月在广西南宁召开的“全国桉树论坛暨中澳合作东门项目 30 周年成就展示会”上首次奖励了 6 名，2013 年在四川成都召开的“全国桉树论坛暨产业展示会”上奖励了 8 名，2014 年在贵州贵阳召开的“全国桉树研讨会”上奖励了 7 名，2015 年在广东湛江召开的“桉树国际学术研讨会”上奖励了 7 名，2016 年在福建厦门召开的“全国桉树研讨会”上奖励了 6 名。获奖人员均为中国桉树科技、桉树人工林产业发展以及桉树国际合作等方面的优秀代表。

2012年中国绿化基金会祁述雄桉树基金颁奖寄语

中国绿化基金会祁述雄桉树基金颁发了第一次奖励，获奖的是老一辈桉树专家。澳大利亚理查德·佩格先生，无私授建了东门桉树示范林场、成绩卓著；史蒂芬·米奇里专家，他为国家林业局桉树研究开发中心的研究提供了大量的桉树种源；欧阳权教授，他在国内首创了桉树组织培养；韦炬高工，他领导成功实施了东门桉树杂交育种；美籍华人潘家杰总裁，他引进巨额外资首先在中国发展桉树人工林达数十万公顷；胡天宇研究员，在她的推动下，四川省发展了20多万公顷巨桉。从2013年开始，将第二次评选奖励对中国桉树发展做出新贡献的人士，希望有关单位推荐个人积极申报。可以预见，今后随着桉树事业的不断发展，将涌现越来越多的科研成果。

设立中国绿化基金会祁述雄桉树基金，领导和我个人的愿望是要作为一种动力，推动桉树行业更好地向前发展，为祖国林业事业做点儿贡献。个人的作用微不足道，众人拾柴火焰高，大家行动起来才有力量，发挥桉树基金的作用靠大家共同努力。在这里我要十分感谢2011年首批捐赠单位，感谢远见卓识、热心支持的企业家。2012年已带头支持捐赠的有广西理文林业科技发展有限公司董汉民总裁、湛江晨鸣林业发展有限公司王保乐总经理、金光集团中国林务事业部黄文丁副总经理……。在各位同仁的支持下，中国绿化基金会祁述雄桉树基金一定能在我国桉树事业发展过程中起到很好的促进作用，为提高桉树行业科技创新能力、提升桉树产业科学技术水平发挥积极作用。

人生年华如流水，过去的已成过去，没必要追悔，未来的尚未到来，也不必杞忧。要好好把握住现在，年轻人可以感受奋斗的乐趣，老年人也可以领略收获的满足。今天党的十八大胜利闭幕，十八大给我们指明了继续发展的方向，我们要抓住今天大好时光，创造更大的桉树辉煌。

广西南宁

2012年11月

2013年中国绿化基金会祁述雄桉树基金颁奖寄语

中国绿化基金会祁述雄桉树基金奖励了自成立以来的第二批获奖者。通过所在单位推荐，经基金管理委员会评审，今年共有白嘉雨、王豁然、谢耀坚等8名获奖者，他们为中国桉树的发展做出了突出贡献，值得我和桉树届同仁学习。

桉树被国际粮农组织推荐为世界三大速生用材树种，有120多个国家引种栽培，受到五大洲人民的欢迎。桉树在原产地大洋洲占85%的森林面积，我国引种栽培了400多万公顷桉树，桉木材及其林副产品都得到了广泛加工利用，这些成绩归功于中央政府的科学决策、各级林业部门的英明领导、从事桉树科技研发和栽培与加工人士的不懈努力。如今，桉树种植与加工正大踏步向前发展，但是有个别地方官员对桉树生态缺乏科学认识，擅自作出错误决定，使桉树种植者的合法权益受到损失，我们应以科学求实予以澄清。

桉树产业利国利民，为了中国林业的发展，我们必须坚持真理，稳步发展，为生态公益事业做贡献。中国绿化基金会祁述雄桉树基金继2011年和2012年获得相关人士捐赠之后，2013年又获得了友好人士的捐赠，其中包括广西理文林业科技发展有限公司、国营雷州林业局、湛江晨鸣林业发展有限公司等。为了扩大桉树公益事业，鼓励和关爱获奖人员，广西南宁市青恒林业技术有限公司庞全、陈研华夫妇将自己栽种的养生佳品，古人称为“仙草”的铁皮石斛（50kg，价值约10万元）捐赠给中国绿化基金会祁述雄桉树基金，奖励对桉树发展做出突出贡献的人士。祝愿这些友好人士事业蒸蒸日上，希望他们为中国桉树事业继续做出更大的贡献。在这里我要衷心感谢基金的捐赠者和获奖者，希望今后有更多的单位、更多的企业和有识之士加入到中国绿化基金会祁述雄桉树基金中来，扩大奖励范围，更大地发挥桉树基金的作用。

中国绿化基金会祁述雄桉树基金将在2014年择优奖励第三批为中国桉树做出突出贡献的人士。前不久有一位从事桉树研发的专家向我提出了请求，2014年若能如愿获奖，希望我在2014年能亲自给他颁奖，说明中国绿化基金会祁述雄桉树基金具有竞争力和推动桉树发展的作用，我感到十分欣慰。利国利民的桉树，将永远燃烧着激情和梦想，桉树产业发展之路是一条鲜花绽开、笑语嫣然的梦境之路。当我们对所做的事满怀热情时，成功随之而来，从事桉树产业的同志们铸造辉煌吧，你们一定能好运连连！

四川成都

2013年9月

2014年中国绿化基金会祁述雄桉树基金颁奖寄语

中国绿化基金会祁述雄桉树基金进行第三次颁奖。在中国桉树产业的发展中，各级领导及生产、科技、教育工作者付出了辛勤劳动，做出了很大的贡献。根据中国绿化基金会祁述雄桉树基金奖励条例，获奖人员由所在单位提供事迹申报，经基金管理委员会评审，2014年最终评选出刘杰锋等7位获奖者。他们的事迹，值得我和桉树产业同仁学习。

我国引种栽培桉树的面积已达440多万公顷，速度之快、成就之大居世界前列。桉树为社会提供了大量木材产品，对绿色环保事业、繁荣山区经济做出了较大贡献。为了实现"中国梦"，桉树产业必须要更好地创新发展，中国绿化基金会祁述雄桉树基金必须更好地为这一宏伟目标服务。国家林业局科学技术司巡视员（原司长）张志达在2013年桉树产业联盟会议上讲话指出：桉树作为林业生产中的特有树种，有着独特的作用，桉树人工林生长量是松、杉的2倍以上，占全国森林面积2.5%的桉树，生产的木材约占全国木材产量的25%，即1：10的关系。每公顷桉树每年可吸收二氧化碳6.63t，是杉木的2.2倍，马尾松的3倍；桉树的经济效益显著，每公顷桉树5年投入总成本2.25万元左右，每公顷利润可达2.7万元；目前中国桉树年产值已超过1000亿元，有人估计桉树产业可为社会提供1700万个就业岗位，一个桉树树种形成了一个巨大产业，这是桉树的贡献，也是桉树的荣耀。

为了桉树事业的繁荣昌盛，桉树产业联盟的发展壮大，中国绿化基金会祁述雄桉树基金要更好地发挥公益事业的作用。继2011－2013年之后，2014年中国绿化基金会祁述雄桉树基金又陆续收到了新的单位和个人捐赠，广东达一农林生态科技股份有限公司捐赠5万（连续两年），湛江晨鸣林业发展有限公司捐赠2万（连续3年），广西南宁市青恒林业技术有限公司连续两年捐铁皮石斛给获奖者。我万分感谢桉树基金的所有捐赠者和3年来21名桉树基金获奖者，希望今后有更多有识之士加入到桉树基金中来，不断扩大奖励范围，激励更多对桉树发展做出杰出贡献的人物，发挥桉树基金更大的作用。

2015年国际桉树学术研讨会在中国召开，中国绿化基金会祁述雄桉树基金计划在此次会议上择优奖励第四批获奖人士，范围主要针对中国发展桉树有突出贡献的外资桉树企业和外国桉树专家。初步拟定美洲、亚洲、欧洲、大洋洲、非洲五大洲各1名，港澳台1名，共计6名，以扩大宣传和影响。

桉树产业的领导，从事生产、科研、教学的朋友们，中国经济进入新常态，桉树也要转方式、调结构，大家齐心协力，解放思想、锐意创新、凝心聚力、团结奋进，共同为桉树产业的美好明天而努力奋斗。

贵州贵阳

2014年8月

2015年中国绿化基金会祁述雄桉树基金颁奖寄语

在中国桉树产业的蓬勃发展中，各级政府、生产企业、科研教学等同仁，付出了辛勤的劳动，做出了优异成绩。2011年在广州召开的"全国桉树论坛暨产业展示会"上，中国绿化基金会主席、国家林业局原局长王志宝先生宣布成立中国绿化基金会祁述雄桉树基金，根据基金奖励条例，2012年、2013年、2014年，3次评选共奖励了21名为发展中国桉树做出突出贡献的人物。

截至目前，外资或中外合资在中国发展桉树的面积已达44万hm^2，占全中国桉树面积的10%，大中型外企纸浆、板加工企业共有几十间。2015年拟定在广东湛江召开的"桉树国际学术研讨会"上，专门奖励一批进入中国发展桉树的外企及从事中外合作桉树研究事业、对中国发展桉树有突出贡献的人员。经单位申报，基金评委会评选出董汉民、罗杰•阿诺德、兰樟仁、黄文丁、徐大平、王尚明、潘鼎名共7名获奖者，他们的事迹值得国内外桉树同行学习。

为了中国林业（桉树）更快、更好发展，搭建产、学、研交流与务实合作双驱平台，作为推动桉树持续向前发展的"双引擎"，助力桉树产业"双中高"发展，中国绿化基金会祁述雄桉树基金要更好地发挥公益事业，促进桉树产业的创新作用。2011年，由发展桉树成绩卓越又热心公益事业的人士捐赠桉树基金200万元之后，陆续收到捐赠23.90万元，有的人士连续3年捐赠了3次，我由衷的感谢！希望今后有更多的有识之士加入到桉树基金中来，不断扩大桉树基金捐赠，继续增加奖励范围，多做一些公益事业，充分发挥桉树基金更大更好的作用。

2015年"国际桉树学术研讨会"将为中国桉树产业发展带来更多的经验、更好的发展平台。借此机会，我们中国桉树产业人士，要更多学习和交流，抓住契机，争取创造新成绩。为此，2016年第五次桉树基金奖励重点：一是桉树栽培与利用新成果的研究者；二是对发展中国桉树做出贡献的突出个体桉树种植（经营）者；三是从事桉树在绿色环保中作用的研究、示范推广成绩显著者。

为了努力开创我国桉树发展产业新局面，加快转变桉树经济发展新模式，参与驱动我国经济转型，建设美丽中国，实现中华民族伟大复兴的中国梦，发挥桉树绿色环保作用，中国桉树产业的同仁，在我国新的历史机遇，新的历史跨越浪潮中，让我们携手共进、锐意进取、攻坚克难，谱写我国桉树新的辉煌。

广东湛江

2015年10月

2016年中国绿化基金会祁述雄桉树基金颁奖寄语

中国绿化基金会祁述雄桉树基金是2011年经国家林业局副局长祝列克推荐、中国绿化基金会认可后而设立的个人桉树奖励基金，并于2011年9月在广州召开的“全国桉树论坛暨产业展示会”上，中国绿化基金会主席、国家林业局原局长王志宝先生宣布启动。2012年在南宁、2013年在成都、2014年在贵阳、2015年在湛江、2016年在厦门召开的全国桉树研讨会上共奖励了34名为中国桉树生产、研究、人工林产业发展、桉树发展国际合作等方面做出了突出贡献的优秀代表。其中从事林业科研工作的有白嘉雨、谢耀坚、王豁然、欧阳权、项东云、胡天宇、张荣贵、徐大平、曾令海、徐建民、陈少雄、罗建中、罗杰•阿诺德、郭洪英等14名；从事林业管理工作的有董智勇、刘杰锋、邹国明、林睦就4名，外资桉树企业的有潘家杰、董汉民、理查德•佩格、史蒂芬•米奇里、黄文丁、兰樟仁、潘鼎名7名，桉树内资企业的有韦炬、梁理勇、王尚明、王保乐、黄民、庞全、温建科、杨春光8名，从事林业教学工作的有莫晓勇1名。为了进一步表彰这些优秀代表，推广模范事迹，更好地促进桉树产业的发展，中国绿化基金会祁述雄桉树基金管理委员会决定，将所有获奖人员事迹编辑到《中国桉树发展突出贡献奖群英谱（第一集）》，由中国林业出版社出版发行。

为了中国林业（桉树）事业更快更好地发展，充分发挥桉树在木材生产和生态建设中的作用，国内外热心公益事业的人士，不断在为中国绿化基金会祁述雄桉树基金捐赠。其中有为中国绿化基金会祁述雄桉树基金捐赠巨资的潘家杰先生，有已经连续捐赠了3次以上的金光集团总经理董汉民先生，广东达一农林生态科技股份有限公司总经理黄民先生等等。我十分感谢他们并希望今后会有更多的热心公益人士加入到桉树基金中来，大家携手为中国桉树事业做出更大更多的贡献！为此2017年第六次中国绿化基金会祁述雄桉树基金奖励的重点：一是桉树产业研发新成果；二是桉树生态效益的总结与推广成绩显著者；三是其他继续为中国桉树发展做出贡献的人士。

桉树产业在探索中前进，在实现中国梦的道路上，我们从事中国桉树事业的同仁要勇于实践，善于创新，向着中国梦开拓前进，不断开创中国桉树产业的新局面。

福建厦门

2016年11月

2012 － 2015 年获奖人员合影

■ 2012年获奖人员合影（从左至右：理查德•佩格、史蒂芬•米奇里、欧阳权、韦炬、胡天宇）

■ 2013年获奖人员合影（从左至右：王保乐、梁理勇、王豁然、项东云、白嘉雨、黄民、邹国明、谢耀坚）

■ 2014年获奖人员合影［从左至右：陈少雄、庞全（陈研华代）、徐建民、莫晓勇、林睦就、张荣贵、刘杰锋］

■ 2015年获奖人员合影（从左至右：董汉民、罗杰•阿诺德、兰樟仁、黄文丁、徐大平、王尚明）

2012 － 2016 年
获奖人员事迹简介

Richard Pegg

Richard Ernest（Dick）Pegg was born in Atherton, North Queensland, Australia in 1934. He was educated in the science of forestry in Australia and USA. He was awarded a Diploma of Forestry（with Distinction）–Dip. For. from the Australian Forestry School at the end of 1957 and early the next year a Bachelor of Science in Forestry – B. Sc. For. from the University of Queensland. In 1965 he was awarded a Master of Science – M. Sc. from North Carolina State University, USA. He worked in the Queensland Department of Forestry（QDF）until late 1991 in a range of positions involving field management, research and administration rising to the position of Director of Operations. He became a consultant in 1991 working mainly in Australia and China and continues（albeit at a lower intensity）in that role today working in south east Queensland on a range of jobs.

理查德•佩格 1934 年生于澳大利亚北昆士兰州阿瑟顿市。1957 年末获澳大利亚林业学校林业文凭（荣誉）；1958 年初，获昆士兰大学林业科学学士学位。1965 年他获得美国北卡罗莱纳州立大学硕士学位。直到 1991 年末，他在昆士兰林业部门从事田间管理等工作并担任研究和管理运营总监的位置等多个职位。1991 年起，作为顾问在澳大利亚和中国两国工作，至今仍以较低的工作强度在昆士兰州东南部延续着顾问的一系列工作。

His first visit to China was in April 1981 as a member of the feasibility study team that designed the Dongmen State Forest Farm Eucalypt Afforestation Project. At that time, Dick was Director of Technical Services in the QDF directing the programs of forest research and timber utilization research in Queensland. When the QDF was contracted as the project managing agency by the Australian Development Assistance Bureau（today known as AusAID）, he became the Australian project director for this project for its entirety from

1981 to 1989. Dick was responsible for selecting long and short-term staff for the project – almost all came from the QDF. He oversaw the planning of the various activities under the project and the supply of equipment and seed. His wise choice of staff contributed greatly to the success of the project. Because his position as a director of a division within QDF was highly demanding, Dick Pegg did much of the work in Australia（arranging purchases, writing reports etc）for the Dongmen project in his own time.

佩格于 1981 年 4 月首次访华，作为丰产研究团队的一位成员，负责设计东门国营林场的桉树人造林项目（东门项目）。那时，他担任昆士兰林业厅技术服务处长，负责管理昆士兰州林业研究项目和木材利用研究。当昆士兰林业部门被澳大利亚发展援助局（即今日的 AusAID）协定成为项目管理机构，佩格成为东门项目整个执行期（1981－1989 年）的澳方项目主任。佩格负责为项目挑选长期和短期的工作人员，他们多数为昆士兰林业部门的员工。他监督项目的各类活动计划和设备及种源的供应。由于他精心挑选了适合项目开展的员工，为项目的成功做出了巨大贡献。虽然他担任昆士兰林业厅处长的职务非常繁忙，但身处澳大利亚的他仍利用个人时间为东门项目做了大量的工作，包括采购安排、报告撰写等。

Initially, the Dongmen project was planned as a demonstration of modern equipment usage in site preparation, harvesting, forest nutrition and silvicultural management of plantations with a small research component. Later, the project activities changed strongly to a research project. Under his guidance, the Dongmen project introduced many new techniques to Chinese eucalypt plantation forestry including the scientific testing of a variety of management options, the analysis of results and the keeping of records available to all involved.

最初，东门项目原规划是在夯地、采伐、森林养分和培育经营方面作为现代设备使用的示范项目，同时也有一小部分研究的内容，随后因项目内容大幅变动从而转为研究项目。在他的引导下，东门项目为中国桉树人工林产业引进了许多新技术，包括一系列经营选择的科学试验、结果分析和所有相关有效数据的持续纪录。

In 1981, the most common species planted at Dongmen and most other areas in Guangxi, Guangdong, Fujian and Hainan were *Eucalyptus exserta* and *E. citriodora*（today classified as *Corymbia citriodora* subsp. *citriodora*）. The project recognized that these species were unlikely to be the best available for southern China so the basis of research in the original project design was a series of seed strain × fertilizer trials. These trials indicated species better suited than the traditional ones to be *E. urophylla*, *E. grandis* and *E. cloeziana* and also demonstrated the optimum fertilizer treatment.

1981 年，在东门林场和广西、广东、福建、海南等大部分地区种植最常见的桉树树种为窿缘桉和柠檬桉（如今已被列入伞房属）。项目组发现这些树种并不是华南

Dongmen feasibility study 1981, Third from left is Richard Pegg
1981年东门丰产林研究（左三为佩格）

区域的最佳选择，于是最初项目设计的基础研究为一系列的种子品系和肥料双因子试验。这些试验显示比传统树种好的适生品种有：尾叶桉、巨桉和大花序桉，同时示范了最佳肥料处理。

Starting in 1986, some areas of the ‘new’ species were heavily thinned to form seedling seed orchards（SSO）. In the late 1980s, these SSO produced seed for distribution and general use. It was found some of the resultant stands contained natural hybrids, some of which were selected, cloned, tested and used in operational plantations e.g. GL4.

1986 年起，某些地区引种的新品种经过了强度间伐后，成为实生种子园。在 20 世纪 80 年代末，这些种子园生产的种子主要用于分配和常规使用。在使用这些种子种植的部分林分中，发现天然杂交种，部分杂交种被优选、无性繁殖和试验后用于经营人工林，如 GL4。

In 1989, clonal seed orchards（CSO）of *E. urophylla*, *E. grandis*, *E. tereticornis* and *E. camaldulensis* were established at Dongmen with first generation selections being cloned. In the early 1990s, there was a heavy demand for seed from these CSO, especially *E. urophylla*. Many plantations over a wide geographic area were established with this seed. A selection made in one of these plantations at Zhanjiang lead to the clone U6 which from molecular studies was shown to be a natural hybrid between *E. urophylla* and *E.*

tereticornis. This clone has been widely planted in Guangdong province because of its wind resistance.

1989 年，在东门林场建立了尾叶桉、巨桉、细叶桉和赤桉无性系种子园，并对其第一代选育进行无性繁殖。20 世纪 90 年代初，这些种子园的种子特别是尾叶桉的种子需求量极大。应用这些种子，跨越地域范围营造了大面积的人工林。在湛江的一个人工林中，通过分子育种选育的无性系 U6 是尾叶桉和细叶桉的一个天然杂交。因其抗风性强，该无性系在广东省广泛种植。

Following a Dongmen project study tour led by Dick Pegg to Florida and Brazil in 1983, controlled pollination（CP）of eucalypts was introduced to China at Dongmen. Interest in using CP was stimulated by the growth of a plantation included in the 1984 seed strain × fertilizer trial of plants raised from a hybrid（*E. grandis* × *E. urophylla*）seed lot obtained from Aracruz in Brazil. A tree selection program along with CP between the various selects led to a major hybrid family trial at Dongmen in 1988. This trial was followed by many more established over the years. These hybrid family trials provided material for selection, cloning and testing. By 1992, plantations were being established with clones from this source. Among the better known of these hybrid families are DH32 and DH33（both being *E. urophylla* × *E. grandis*）which have a number of clones still in wide operational use today. Undoubtedly the greatest achievement of the Dongmen project was this development of clonal eucalypt hybrid forestry which resulted in an increase of plantation area from about 400,000 ha in 1981 to more than 4 million ha today. Dongmen clones today are planted in over 3 million ha in southern China. Some of these clones have been tested in other countries and some have been used operationally e.g. DH32-29. The yield per hectare from eucalypt plantations in China has more than doubled and rotation ages have more than halved, largely as a result of the Dongmen project.

1983 年佩格带领东门项目考察团到佛罗里达和巴西学习，把桉树控制授粉技术引进到中国东门林场。1984 年使用从巴西阿拉克鲁兹获得的巨尾桉杂交种子等对人工林进行了种子品系和肥料试验，这些人工林所取得的成效也引发了研究者对控制授粉的兴趣。1988 年，树种选择项目通过结合控制授粉与多种选育在东门推进了一个重要的杂交家系试验。此试验经多年布设了多处试验点，从而为选育和无性系测试提供了材料。1992 年前营造的人工林均采用这批无性系。这些无性系中较为知名的为 DH32 和 DH33（均为尾叶桉 × 巨桉）系列，如今仍被广泛地使用。毫无疑问中国桉树人工林东门项目最杰出的成就是桉树无性系的开发和利用。从 1981 年 40 万 hm^2 发展到今天 440 万 hm^2，如今，东门林场的无性系在华南地区的种植面积超过 300 万 hm^2。其中一些无性系被其他国家测试并且一些无性系如 DH32-29 已被投入经营。中国桉树人工林年产量已实现翻倍且轮伐期缩短一半时间的原因也要归功于东门项目的成果。

During the Dongmen project there were over 1000 visitors to Dongmen from state forest farms, research institutes and universities from several provinces. Between 1982 and 1989 some 41 Technical Communications were prepared by project staff. Four technical exchange seminars were also organised to disseminate results and senior officials from the Ministry of Forestry recommended Chinese foresters implement the new technologies.

在东门项目实施期间，超过 1000 名来自多个省份的国营林场、研究机构和大学院校的访客前往东门林场。1982－1989 年，部分项目成员准备了 41 份技术材料。为了推广新成果还组织了 4 个技术交流研讨会。林业部的高级官员也推荐中国林业者应用东门新技术。

Not only did the Dongmen project introduce new technology but it also resulted in the training of a very competent team of Chinese foresters who were able to continue the project work.

东门项目不仅引进了新技术，同时也为中国林业培训了一支精锐团队，这支团队仍能继续承担项目的工作。

In 1988, Dick Pegg was a member of the feasibility study team that designed the China Eucalypt Research Centre（CERC）Project based on Zhanjiang. In 1992, he was the Australian director of this project until it was closed by AusAID because of a political decision in Australia. As part of the closing of the CERC project, several CERC staff were trained in Australia and a supply of eucalypt seeds from Australia was arranged. In October 1993, Dick was engaged as the tree improvement adviser recommending to the CERC on the selection of second generation breeding populations. He also made recommendations for the distribution of various seed lots supplied by Australia for the establishment of SSO in various areas of southern China.

Dick & Li Haijia examining flower development at Dongmen in 1987 prior to CP
1987年，佩格（左）和李海佳于东门林场测定花在控制授粉前的发育情况

1988 年，佩格是

湛江“中国桉树研究开发中心”项目的成员。1992 年，他成为该项目的澳方主持人，但澳大利亚援助中心因澳方政府政治因素中止了这一项目。作为国家林业局桉树研究开发中心项目结束的一部分工作，数名国家林业局桉树研究开发中心员工被派遣至澳大利亚进行培训，并安排供应澳大利亚的桉树种子。1993 年 10 月，佩格作为林木改良顾问，指导国家林业局桉树研究开发中心开展第二代育种的选育。他同时也为华南地区许多区域的种子园建立和众多澳大利亚种批的分配提出建议。

Dick Pegg served as a member of the Australia/China Joint Working Group on Forestry under the Australia/China Agricultural Cooperation Agreement in 1988 and 1990. In 1988 and 2003, he led Institute of Foresters of Australia study tours to China; in arranging these tours, he was assisted by his colleague Professor Wang Huoran from the Chinese Academy of Forestry.

1988－1990 年，佩格是中澳农业合作协议中林业中澳合作工作组的成员。1988－2003 年，他带领澳大利亚林务委员会考察团前往中国，在组织这些团组期间他得到了他的同事、中国林业科学研究院王豁然研究员的协助。

In 1993, Dick Pegg was a consultant for a proposed eucalypt plantation project for the Thai company Soon Hua Seng in Thailand and in Guangdong province. Recommendations were made on suitable sources of seed and clonal material, on matching taxa to sites, on breeding strategies for operations in Thailand and China and on the testing of fertiliser regimes. In the same year, he was the tropical forestry specialist on a feasibility study for the Asian Development Bank funded Hainan Agriculture and Natural Resources Management Project advising on the conservation status of the Jianfengling tropical rainforest and assessing a proposal for the development of eucalypt and *Acacia* plantations in a buffer around the forest.

1993 年，佩格担任泰国顺和成公司的顾问，指导其在泰国和广东的拟建桉树人工林项目。针对适生种源和无性材料、种群与立地的匹配、在泰国和中国运营的育种策略和肥料标准的测试等提出了建议。同年，他作为亚洲发展银行资助的海南农业和自然资源管理项目的热带林业专家，负责对热带雨林尖峰岭的保存状况提出建议和评估在桉树和相思人工林周边发展缓冲区的提议。

From 1994 to 1999, Dick Pegg was a eucalypt plantation and general resource consultant to the international biotechnology company ForBio Pty Ltd. He facilitated a cooperative agreement between this company and Dongmen Forest Farm with the aim of using molecular technology along with CP to develop more productive eucalypt hybrids. In the discussions leading to this agreement, Dick called upon the services of his colleague Wei Ju who had been the Chinese manager of the Dongmen project. In 1998, Dick selected a number of superior individuals of *E. urophylla*, *E. grandis*, *E. pellita*, *E. camaldulensis*,

E. tereticornis and several first generation hybrid clones for inclusion in an espalier area at Dongmen. It was planned that this area would be utilized for CP in the development of more families for testing, later selection and cloning. Unfortunately, ForBio met with financial problems and was unable to continue the project.

1994－1999 年，佩格是国际生物技术公司 ForBio 的桉树人工林和通用资源顾问。他促成了这间公司和东门林场的一个合作协议，目的在于使用分子技术同时利用控制授粉去发展更多的桉树丰产杂交种。在协议前期的讨论中，佩格请他的同事韦炬——东门项目的中方项目经理提供帮助。1998 年，佩格挑选了一系列的超级桉树单株，包括尾叶桉、巨桉、粗皮桉、赤桉 / 细叶桉和一些第一代杂交无性系构成了东门林场采穗园。

From 2003 to 2009, Dick Pegg and his wife（Li Haijia）who had worked on the Dongmen project were engaged as consultants by the Guangxi Stora Enso Forestry Co.（GSE）to advise on eucalypt tree improvement strategies and to facilitate cooperation between GSE and Dongmen Forest Farm. Under the agreement between these two organizations, a range of new hybrids was made with families being tested both at Dongmen and on GSE lands. It was during this consultancy with GSE, that Dick Pegg introduced the new technique of artificially induced protogyny（AIP）to China. AIP allows the CP of eucalypts without emasculation and bagging and can result in a greatly increased yield of seed produced per operator hour. The espalier area established under the ForBio agreement was one of the areas used for CP. Selection, cloning and testing is now leading to new clones being used operationally by the company. Staff at Dongmen Forest Farm use AIP today in the production of hybrid eucalypt families.

2003－2009 年，佩格和他曾为东门项目工作的妻子李海佳担任广西斯道拉恩索林业有限公司的顾问，负责桉树林木遗传改良策略和促进其与东门林场的合作关系。通过双方签订的协议，一系列从家系中得到的杂交种均在东门林场和广西斯道拉恩索林业有限公司的试验林进行了测试。正是通过该公司的顾问工作，佩格引进了人工诱导雌蕊先熟（AIP）这项新技术到中国。AIP 允许桉树不经过去雄和装袋进而控制授粉，从而提高了种子每工时的产量。经选育和测试后的新无性系正转向经营使用。东门林场的工作人员如今在桉树杂交家系的生产中使用 AIP。

Over the past 35 years, Dick Pegg has assisted several Chinese groups on inspection tours of eucalypt forests and general forestry operations in Australia and also arranged the collection of seed and pollen for use in eucalypt tree improvement programs in China. In recent years, he has assisted in critiquing the English version of theses and scientific papers on Chinese eucalypt research for students of colleagues from the Dongmen project era. He continues to urge Chinese colleagues to work towards producing further eucalypt clones to increase productivity and broaden the genetic base of operational material.

在过去的 35 年间，佩格已协助多个中国桉树和其他林业经营考察团队访问澳大利亚，并且安排了中国桉树林木遗传改良项目的种子和花粉收集。最近几年，他协助在东门项目期间同事的学生，用英文评阅关于中国桉树发展的科研论文。他督促他的中国同事在生产更多无性系的研究上多做工作，进一步提高产量和扩展试验材料的遗传基础。

During the years of working in China, Dick has worked with a large number of Chinese colleagues, many of whom he counts as friends today.

在中国工作的这些年，佩格与许多中国同事一同工作，其中大部分人与他成为了朋友。

For his services to eucalypt forestry in China, Dick Pegg was awarded an honorary overseas membership of the Chinese Society of Forestry in 2003. He was also honored with a ‘China Eucalypt Development Outstanding Contribution Award 2012’ in recognition of his activities in China. In August 2013, The Institute of Foresters of Australia presented Dick Pegg with the President’s Award ‘in recognition of outstanding professional service to the international domestication of tropical and sub-tropical eucalypts’.

为了表彰佩格对我国桉树产业所做的贡献，2003 年他被中国林学会授予海外荣誉会员。为表彰他为中国桉树所做的贡献，2012 年被授予“中国桉树发展突出贡献奖”。2013 年 8 月，澳大利亚林学会鉴于他对亚热带和热带的国际桉树示范林出色的专业服务，给予佩格“主席奖”。

Dick Pegg with the assistance of many Australian and Chinese colleagues (too numerous to name here) has made an outstanding and long lasting contribution to the development of China’s eucalypt plantation industry and to the fostering of friendship between foresters from Australia and China.

在许多澳大利亚和中国同事的帮助下，佩格对中国桉树人工林产业的发展做出了突出和长远的贡献，同时也增进了中澳双方林业工作者的友谊。

2012

Stephen Midgley

Stephen Midgley is a forester and development specialist who has worked continuously in Asia for over 40 years through many projects including long-term assignments in Laos, Nepal, Sri Lanka and China. Stephen had a long career with Australia's national research agency, CSIRO, where he led the Australian Tree Seed Centre and programs related to tree improvement of acacias, eucalypts, casuarinas and other Australian species. His professional fields of interest include forest genetic resources, commercial forest plantations, and community forestry and he has a special interest in smallholder contributions to commercial wood supplies. He holds both Bachelor's and Master's degrees in forestry from the Australian National University, is a Board Member of APFNet and for 13 years was a member of FAO's Panel of Experts on Forest Genetic Resources.

史蒂芬•米奇里作为务林人和专家，通过实施众多项目在亚洲工作超过 40 多年，包括在老挝、尼泊尔、斯里兰卡和中国实施的长期任务。史蒂芬长期服务于澳大利亚国家研究机构，澳大利亚联邦科工组织。在 CSIRO，他主管澳大利亚林木种子中心，从事相思、桉树、木麻黄和其他澳大利亚树种的林木改良工作。他的专业领域包括森林遗传资源、商业人工林和社区林业，并对小农经济与商业木材供应之间的关联兴趣浓厚。他拥有澳大利亚国立大学林业学士和硕士学位，同时他也是亚太森林恢复与可持续管理组织的董事会成员，还担任联合国粮农组织森林遗传资源专家小组成员达 13 年。

Stephen greatly values his professional friendships in China and is particularly proud of the peer recognition offered through the China Eucalypt Development Outstanding Award made via the China Eucalypt Foundation. Through the valuable work of the Australian Tree Seed Centre, Stephen first collaborated with Pan Zhigang at the Chinese Academy of Forestry in 1981 with exchange of eucalypt seed and technical information. Since that time, and through frequent and regular visits, Stephen has actively cooperated with his Chinese research partners, maintaining his strong professional links through several Sino-Australian projects with Chinese eucalypt specialists such as Wang Huoran, Hu Tianyu, Bai Jiayu, Qi Shuxiong, researchers in Guangxi and the dynamic team from the China Eucalypt Research Centre（CERC）in Zhanjiang. He has fostered enhanced Sino-Australian collaboration, led projects and lent support to his Chinese counterparts.

史蒂芬高度重视他在中国的职业友谊，因获得“中国桉树发展突出贡献奖”得到同行认可而感到自豪。通过在澳大利亚林木种子中心的工作经历，史蒂芬在 1981 年首次与中国林业科学研究院潘志刚合作，交换了桉树的种子和技术信息。自此，经过频繁和定期的访问，史蒂芬与他的中国合作伙伴有了积极的合作。他通过中澳项目与中国桉树专家如王豁然、胡天宇、白嘉雨、祁述雄及广西的研究人员和国家林业局桉树研究开发中心的精锐团队紧密地联合在一起。他延续并增强了中澳合作，主持项目并提供合作支持。

In 1992/93 as Team Leader for a program of official Sino-Australian Cooperation, he lived and worked at CERC in Zhanjiang with his wife Dao and daughter Malou. Malou was the first foreign student to attend the Zhanjiang No12 Primary School. Here he formed close personal and professional relationships and had the good fortune to travel widely and to visit most of China's eucalypt-growing areas. For over 25 years he has collaborated with CERC scientists on eucalypt improvement, silviculture and utilisation and led several Sino-Australian projects related to eucalypt research and development and initiated a CSIRO/China post-doctoral program. The Municipal Government of Zhanjiang City acknowledged these contributions in 2001 and made Stephen an Honorary Citizen in recognition for his work with the China Eucalypt Research Centre in fostering eucalypt-based industry. More recently he has taken a stronger interest in the profitable processing of fast-grown eucalypts for pulp, veneers and sawn wood.

1992－1993 年，作为正式中澳合作项目的专家组长，史蒂芬与他的妻子 Dao、女儿 Malou 一同在国家林业局桉树研究开发中心生活和工作。Malou 是湛江第 12 小学就读的第一位外籍学生。在湛江，他拥有紧密的个人和专业领域的友谊，机遇良缘得以多处考察和踏访中国桉树生长的大部分区域。在过去的 25 年里，他与国家林业局桉树研究开发中心的科研人员在桉树林木遗传改良、森林培育和木材加工方面有相关的合作，并且主持数个与桉树研究与发展的中澳合作项目，还启动了 CSIRO 和中国的博士后项目。基于他对湛江市的突出贡献，湛江市人民政府在 2001 年授予史蒂芬颁发了荣誉市民的称号，以表彰他通过与国家林业局桉树研究开发中心在以桉树为基础的林业合作，扶持了桉树产业的发展，从而为湛江市做出了杰出贡献。目前，他的专业兴趣主要集中在速生桉树制浆、胶合板和锯木产业。

Outside China, Stephen's work has been recognised through several awards from governments and professional organisations. In 1996, the Government of Vietnam awarded him a medal for contributions to forest industry development through collaborative work on eucalypts, acacias and casuarinas. Again, in 2012, the Government of Vietnam's Ministry of Agriculture and Rural Development honoured Stephen with a medal for *Outstanding contributions to the Vietnamese forestry sector*.

在其他国家，史蒂芬的工作也被政府和专业组织认可。1996 年，越南政府给予他奖章以表彰他对在桉树、相思和木麻黄的国际合作中促进林木产业发展而做出的贡献。2012 年，越南政府农业和农村发展部给予史蒂芬越南林业部门的“突出贡献奖”。

In Australia, he received a Ministerial Commendation in 2002 from the Australian Government for the *Development and implementation of a successful International Greenhouse Partnership Project*: *Australia/Vietnam*, and in 1988 an AusAID Bicentennial Award of Excellence in Development Assistance for the contributions of the Seeds of Australian Trees Project. His professional research work was recognised in 1994 through a CSIRO Medal for Excellence in Science for exploration and domestication of forest genetic resources – primarily eucalypts, acacias and casuarinas. His extensive partnerships and functioning professional networks in the Asia –Pacific region were acknowledged in 2001 through the Commonwealth Forestry Association's Asia Pacific Medal of Excellence, for *Fostering international research partnerships*, *particularly in plantation forestry* and subsequently in 2012 by the Institute of Foresters of Australia as ACT *Forester of the Year*.

史蒂芬于 2002 年获得“澳大利亚政府部长奖”，以表彰他成功实施的国际温室合作伙伴（澳大利亚－越南）项目所取得的发展；1998 年，史蒂芬因澳大利亚种子项目对外援助方面的杰出贡献而获得澳大利亚发展援助局二百周年纪念奖。1994 年，因他在森林遗传资源（主要为桉树、相思和木麻黄）探究和驯化方面的专业研究工

With his old friend and colleague, Prof. Wang Huoran, Research Institute of Forestry, Beijing, February, 2003.
2003年与他的老朋友和好同事——中国林业科学研究院的王豁然研究员

■ With the Chairman, Zhao Shucong and fellow APFNet Board Members at their meeting with Vice Premier Mr Wang Yang at Ziguangge, Beijing
2015年4月8日，国务院副总理汪洋在北京中南海紫光阁会见亚太森林恢复与可持续管理组织首届董事会成员一行（右四为史蒂芬•米奇里）

作获 CSIRO 认可而获得“科学杰出奖”。史蒂芬广泛的合作伙伴关系和在亚太区域专业合作网络的运行使他在 2001 年得到联邦林业协会认可而获颁亚太杰出奖，以表彰他促进国际合作研究，特别是人工林林业方面的合作；2012 年，史蒂芬被澳大利亚林学会评为年度林业工作者。

Since 2003, Stephen has run his own consulting business, Salwood Asia Pacific Pty Ltd based in Canberra, which offers services to a wide range of commercial and institutional clients throughout the Asia Pacific region. His recent work has included mentoring Environmental and Social Impact Assessments（ESIA）for commercial plantation projects, conducting market assessments for global teak and global balsa supplies, assessment of smallholder plantation contributions to regional wood flows, market opportunities for wood products in China and community-based teak programs in northern Laos. He also offers invited lectures to post-graduate classes at the Australian National University, the University of Melbourne and the National University of Laos.

自 2003 年起，史蒂芬开始从事咨询顾问，在堪培拉建立了韶木亚太咨询公司（Salwood Asia Pacific Pty Ltd），为亚太地区提供广泛的商业和机构代理服务。他近期的工作包括主持环境和社会影响评估项目；在商业人工林项目方面，为全球柚木和全球香脂供应执行市场评估，并评估小农人工林对区域木材量浮动的影响、在中国木材加工产品的市场机遇和在老挝北部的社区柚木项目。同时他还在澳大利亚国立大学、墨尔本大学和老挝国立大学为研究生举办特邀讲座。

2012

欧阳权

欧阳权，生于1929年，湖南汝城人，教授级高级工程师。1952年毕业于湖南农学院，统一分配到广西壮族自治区林业局工作。1975年调钦州市林业科学研究所所任技师，1980年调广西壮族自治区林业勘测设计院任工程师，1982年调广西国营林场公司任副总工，高级工程师，教授级高工，1990年退休。1991年，受聘于广西壮族自治区林业厅林业技术推广总站，负责桉树的推广工作。1995－2002年，受聘于香港嘉汉木业集团有限公司，担任科技中心副主任、广西桂嘉林业有限公司总工、嘉汉质量管理委员会常务副主任、总公司顾问，负责到广西、广东、江西等地检查造林育苗工作。曾任南方桉树研究会第一届副理事长，中国林学会桉树专业委员会副主任委员，广西林学会桉树专业委员会主任委员，广西生态学会副理事长，广西森林生态和环境保护专业委员会主任，广西经济研究中心特约研究会成员，广西科技进步奖评审委员会成员。受聘编制“八五”林业科技计划和2000年林业科技规划专家委员会委员，受聘为《广西经济年鉴》区林业厅编写组主笔。2004年，被广西老科学技术工作者协会聘请担任高级专业技术服务资格评审委员会委员。

工作40余年，发表论文140余篇，主编、合编、合著专著12本。在桉树组培、桉树育种、飞机造林、森林生态、计算机应用等方面获国家、部省、市厅科技进步奖16项。1979年6月，用雷林1号桉优树种子及无菌苗进行诱导，分化出根苗齐全的胚状体苗，接着又从柳叶桉 × 窿缘桉及巨桉 × 窿缘桉的杂交F_1代种子诱导出胚状体苗。从桉树愈伤组织诱导出胚性细胞团，分化出根苗齐全、遗传性状稳定、频率很高的胚状体苗”。1980年获广西科技成果一等奖。1980年10月31日成果鉴定的当日，中共中央总书记胡耀邦在中共广西区党委书记乔晓光等领导陪同下，视察钦州市林业科学研究所，听了他半个多小时的讲解。我国著名的组培专家罗士韦教授将论文“桉树愈伤组织发生胚状体的研究”送《林业科学》发表后，美国、英国、法国、德国、日本、印度、新加坡、澳大利亚、新西兰、加拿大、墨西哥、巴西等国的学术刊物先后转登，纷纷来电来信请教，一致认为桉树“克隆”在国际上获得了成功，开创了中国桉树无性系林业的先例。1986 年，美国新泽两州大学生物系主任爱德华教授专程前来钦州市林业科学研究所参观、交流，他说“美国同行把贵所的论文作为经典著作看待”。广西壮族自治区林业厅把这一组培比作“春雷第一声”加以报道。1993 年 8 月，在首届全国人文社会优秀学术论文评选中获一等奖；1994 年，论文入编《21 世纪理论与发展优秀论坛经典》，获特等奖；2007 年，经中国国际科学和平促进会科学技术教育委员会、东方骄子系列丛书编委会认真审核、评选，论文被评为一等奖。1991－1996 年，担任“八五”国家星火计划“良种桉短周期工业用材林综合技术开发”组长，完成 8 余万公顷良种推广计划。1997 年获广西科技进步二等奖，中共广西壮族自治区委员会和广西壮族自治区人民政府“广西重奖研制推广科技成果有功人员”二等奖（名列第二）；1998 年获国家科技进步三等奖，同年入编《中华优秀专利技术精选》。1986 年，“森林资源数据管理系统的研究”获广西计算机应用成果二等奖，同年获广西飞机播种造林“先进工作者”奖励证书；1991 年《柠檬桉速生丰产林》专业标准的制定及实施，获广东省林业厅科技进步二等奖；1992 年《中国桉树》获广东省林业厅科技进步一等奖，1995 年获国家科技委员会颁发的“国家科技成果完成者证书”；1992 年“广西林业技术政策研究”获广西壮族自治区林业厅一等奖、林业部三等奖；1984 年，获“劲松奖“；1992 年，获“愚公奖”；1998 年，获“世界名人证书”；1999 年，获“世界文化名人成就奖”；2004 年，获“优秀老科技工作者”称号。他的论文“建造人工森林生态系统促进广西生态平衡”，1982 年入编《广西山地丘陵建设生态平衡学术讨论会论文资料选编》；“对城镇绿化标准的意见”和“生态方法”，1982 年入编《广西林业》；“广西林业与生态环境”，1986 年入编广西农业环境学会主编的《第一次学术讨论会论文选编》；2005 年，入编《新时代中国共产党英模文论卷》，荣获优秀论文一等奖；“走生态农业的道路”，1989 年，入编《广西农业发展粮糖战略研讨文集》；“引种栽培桉树的主要经验”，“桉树科研的新突破”及“桉树林的生态和经济效益”，均于 1991 年入编《国际桉树学术研讨会论文集》；“桉树的组织培养”入编《中国科学技术文库》，获“中华精英”奖，并于 2001 年入编《中国当代论文选》，由人民日报出版社出版发行；“桉树组培育苗新技术”，1994 年，入编《广西科学》。他的论文还被《经济植物组织培养》、《十四大以来中国改革发展的理论与实践》、《今日的辉煌》、《中华新论》以及《出访科学家报告文集》等载入。1988 年，随中国林学会考察团赴日本考察，回来后写了两篇文章：一篇“日本的林木育种”，于 2001 年获国际优秀论文奖；2005 年，获《中国现代理论创新与实践优秀论文精选》的特等奖；同年，获《学习实践“三个代表”优秀文选》的特等奖；2007 年 3 月，经教育部中国近现代史史科学学会、中华民族振兴基金会、国际优秀新学术创新论坛评审专家委员会严格审定，认为该文是一篇极具参考价值的新学术创新论作，荣获“科学、创新、发展——国际优秀新学术创新论坛”国际金奖。一篇“日本林业”，2004年，入编《跨世纪中国改革开放的理论与实践》及《精选论文集》，均评为优秀作品，荣获特等奖；同年，入编《新时代中国共产党英模文论卷》、荣获优秀论文“一等奖”，授予“新时代中国共产党英模”荣誉称号；2005年，入编《中国管理科学理论丛书》、《学习实践“三个代表”优秀文选》、《中国现代理论创新与实践优秀论文精选》、《中国改革与发展战略经典文库》，均获“特等奖”，获奖代表被聘为“中国区域经济发展研究西部分院终身荣誉一首席研究员”；中国纪录年鉴汇编委员会、中国纪录证书鉴证委员会组成“华夏精英”评审办，对10余万名在社会各界有一定影响力的代表中评选出推动人类社会文明的不断发展和进步做出贡献的同志100名，授予“华夏精英”的荣获称号，其中金奖20%，银奖30%，铜奖50%，欧阳权荣获“金奖”。2007年，中国文化研究院、中国科学发展研究院认为该论文在落实科学发展观、建设和谐文化，构建社会主义和谐社会中，具有很高的实践指导意义，荣获全国和谐文化理论成果一等奖，授予“全国十佳和谐文化先进工作者”荣誉称号。2002年，随嘉汉林业国际有限公司组织的考察团赴巴西考察，所写“巴西的林纸结合”，在《中国西部发展战略丛书》编委会评选中荣获一等奖；在《中国发展西部经济文化研究丛书》编委会评选中，荣获特等奖；在《中国西部理论与发展丛书》编委会评选中，荣获特等奖。合著：《国营林场经营管理》，1988年（编委第四）；《中国桉树》，1989年第1版，2002年第2版（编委第二），均由中国林业出版社出版发行。主编：1990年，《广西桉树论文集》；1994年，《开发桉树新技术》，均由广西民族出版社出版发行。1990年入编《中国林业人名词典》；1998年入编《世界名人录》；1999年入编《世界文化名人辞海》、《国魂》等；2001年，入编《世界优秀专家人才名典》；2002年，入编《新时期中国共产党人》；2004年，入编《纪念邓小平同志诞辰100周年》；2005年，入编“中流砥柱”《深切缅怀周恩来同志逝世三十周年》；2007年，入编《焦点中国》（人物版）。

欧阳权（右）在察看桉树苗

韦　炬

2012

广西东门林场于20世纪60年代中期建立。建场初期，韦炬调任林场副场长，历任副场长、场长、党委书记等职。

东门林场位于广西西南部低丘地带，建场目的是根据国家建设用材需要，建立速生用材林基地，树种以桉树为主。自此韦炬便与桉树结下了不解之缘。

桉树是一种外来树种，我国引种桉树虽有100多年的历史，但是在20世纪60年代中期大面积营造桉树和建设桉树用材林基地在广西尚无先例。要使该树种速生又丰产，达到建场目的，只有在实践中摸索，依靠不断地创新和科学技术才能获得成功。

首先，整地机械及方式的试验研究。土地是林木扎根的基础，是营林技术的第一要素。东门林场地势平缓，土壤黏重，在林业用地中可机耕地占80%左右。全场拥有十多种营林机械近100台，是全区机耕面积最大、机械化程度最高的国有林场。

桉树是速生树种，幼期生长根系发达。根据调查数据，初期的根系生长长度是树高的2~3倍，其80%的侧根（营养根）生长在土层10~25cm处。为满足桉树幼期生长，整地方法开展过机械挖坑、开沟、全垦、带垦、带翅深耕等试验。这些试验有的整地成本费用过高，全垦水土流失严重而未被采用。如今采用的带翅带状深耕方法（深耕30~40cm，宽幅1~1.2m），既满足了桉树的生长需求，又保持了水土。

其次，不断研究育苗技术。培育壮苗是营林的基础。从裸根大苗造林，到营养砖、容器苗，而后建立中心苗圃培育壮苗，实现育苗标准化、工厂化、机械化，提高造林成活率，满足大面积造林用苗。

改造低产林。1972年，东门林场大面积造林已基本完成，由于建场初期营林技术不配套，树种选择不当，从而形成见林不见材的低产林。对这些林分必须进行改造。改造低产林，良种问题是核心。对表现好的树种进行单株鉴定，确定采种区和母树。改进育苗措施及整地，变一犁一耙为三犁三耙，增施基肥等。为清理低产林的伐根，研究制造 GBL130 型钳式拔根机。该机投产使用后，比人工挖根的功效提高了 5 倍。此项发明获得广西科技进步四等奖，并作为产品出售获得推广。

经过长期研究和实践，总结出培育丰产林的技术措施为：良种壮苗，施加基肥，适时定植，合理密植，及时抚育。经过调查，改造后的第一代丰产林与第一代同龄林相比高生长提高 21.3%~56.1%，径生长提高 41.9%，平均年生长量从一代林每公顷 3~9 m^3 提高到每公顷 9~18 m^3。

1981 年 12 月 14 日中澳两国政府签订了《关于东门桉树示范林项目谅解备忘录》（以下简称项目），这是中澳双方合作最大的野外种植项目。项目伊始，韦炬便担任项目的中方经理，负责项目各项工作的执行，协调中澳双方工作，并参与试验项目选项及实施。经过中澳双方技术团队的共同努力，项目取得了一系列重大成果。

项目的特点是规模大，研究技术全面，引进国际先进试验设计技术。从品种、品种改良、无性繁殖，各种营林措施研究，营养、材性分析到遗传图谱的构建全方位进行。

项目从 8 个国家引进 174 个树种 / 种源，引入家系 1616 个，建立了全国乃至亚洲最大的桉树基因库。最优家系（巨桉 G378）9.5 年生年均蓄积生长量 64.8 m^3/hm^2。通过人工控制授粉，培育出 74 个优良杂交家系，遗传增益 73.8% 以上。最优杂交家系，9 年生年均蓄积生长量达 73.3m^3/hm^2。项目技术含量高，辐射面广，经济效益大，直接经济效益 35.2 亿元，为国内同类研究之首，达到国际先进水平。

加强技术交流。项目期间（1982－1989 年）组织召开国际交流会 4 次，参加会议的桉树界专家学者达数百人，发表学术论文 80 多篇。1993 年 10 月韦炬参加了联合国粮食及农业组织在泰国曼谷举办的地区专家桉树研讨会，在会上所作的学术报告深得与会者好评。

推进桉树产业发展，20 世纪 70 年代进行桉树小径材加工，提炼桉叶油。1989 年开始桉木片开发，桉木片出口日本、韩国以及台湾等国家及地区，为国家创汇做

■ 韦炬（左二）与中澳专家深入现场设计

■ 韦炬（左一）视察桉树病虫害

■ 韦炬（左二）现场视察林地

出了贡献。

获得的奖励如下：

1990 年 11 月，在纪念中国引种桉树一百周年“国际桉树学术研讨会”上荣获由筹委会暨中国林学会桉树专业委员会颁发的贡献奖；

1992 年 7 月，与王国祥一同撰写的《万亩桉树示范林》论文被广西科学技术协会评为 1990－1991 年度优秀论文三等奖；

1993 年 3 月，“良种桉短周期工业用材林综合技术开发”在国家“星火计划”项目实施阶段中成绩显著，荣获二等奖；

1998 年 4 月，“良种桉短周期工业用材林综合技术开发”成果荣获广西科技进步二等奖；

1998 年 12 月，“良种桉短周期工业用材林综合技术开发”成果荣获国家科技进步三等奖；

2002 年 12 月，“东门桉树引种改良及高产栽培综合技术研究”获得广西科学技术进步二等奖；

2005 年 12 月，荣获广西林业局颁发首届广西林业科技重奖个人荣誉证书。

2012

潘家杰

潘家杰，生于1940年，祖籍广东佛山，1962年毕业于中南林学院，现任香港绿源泰集团有限公司首席顾问。50多年来，他一直秉承“人与自然和谐共生、持续繁荣”的理念，致力于林业产业的可持续发展，践行林业全产业链的和谐兴盛，并率先在国内投资桉树产业。

一、从事木材贸易

20世纪90年代以前，在中国大陆由于政策限制，社会资本基本无法投资林业产业链的最上游——营林。20多年来，潘家杰主要经营木材事业，即从事木材收购、加工和销售。在这期间其木材生意横跨大江南北，并在上海收购了一家大型木材交易市场，赚取了人生的第一桶金。就在大家认为他的木材生意将不断发展的时候，他却选择了离开。

在经营木材的这些年，他走访了很多热带雨林国家，了解到天然林被肆意砍伐的实际状况比想象的还要糟。在他看来，森林虽然是可再生资源，是人类向大自然最方便攫取的资源，但是过度的采伐和不合理的开发利用，也会殃及人类自身的生存和发展。在人类如何保护森林资源这个问题上，他深深感到保护天然林最好的办法就是大力发展合理的替代品——人工林，用人工林替代天然林来满足人类对森林资源的需求一定是未来的发展方向。于是，他毅然决定转而投入到林业全产业链的最上游——营造人工林。

二、投资桉树营林

20世纪90年代中期，中国大地上也掀起了一轮灭荒造林、绿化国土的热潮，而广东正是那时全国的示范区域。当时，全国绿化委员会、林业部曾下发了关于进一步推进荒山荒地造林绿化工作的通知："……允许拍卖宜林荒山、荒地、荒坡、荒沟、荒滩的使用权……允许农民和集体经济组织引进外资合作开发宜林荒山荒地，发展林业……"

1994 年，就在这样的社会大背景下，潘家杰和朋友共同投资在加拿大注册创建了嘉汉林业国际有限公司，他亲自担任公司总裁。公司成立后，随即在广东省河源市成立嘉河林业发展有限公司，在河源市林业局的协助下，租赁了当地的一些荒山荒地，开始种植桉树速生丰产林。这在当时被看作是中国民间资本进入林业生态建设的重要一步。其后，又在广东、广西、江西成立了数家营林公司，分别在当地通过租赁荒山荒地或合作分成的方式营造速生丰产林。

1995 年，嘉汉林业国际有限公司在加拿大多伦多证券交易所成功上市，这更加坚定了他投资营造速生丰产林的信念，而事实亦证明他当时的决定颇具远见。1998 年中国遭遇了百年不遇的洪涝灾害，长期以来森林资源过度消耗而引起生态环境恶化的现实冲击着政府决策层的神经。于是，中共中央、国务院从中国社会经济可持续发展的战略高度，做出了实施天然林资源保护工程的重大决策。随后，包括重点地区以速生丰产用材林为主的林业产业建设工程等六大林业生态工程也在全国各地陆续实施。而他在中国内地的建绿行动要比举国林业六大工程的启动早了 4~5 年。

1996 年他带领公司在加拿大安大略证券交易所主板上市交易。其后十余年，嘉汉公司在其引领下快速发展，成为北美林业上市公司中市值最大的公司，也是全球第五大林业公司，市值最高超过港币 300 亿元。截止 2011 年，其拥有或管理的林地已超过 80 万 hm^2。

三、打造林业全产业链持续发展

多年来，嘉汉林业国际有限公司一直致力于提升林木资源的使用率和用途，注重降低木材资源损耗的同时提高木材的附加值，使其精心培植的每一片森林都得到充分合理的利用。为此，公司逐

潘家杰（右五）赴广西考察

■ 潘家杰（左一）向国家林业局专家汇报和交流桉树刨花板厂的生产

渐地引入林纸一体化和林板一体化项目。如今，大、小口径的林木以至碎料均得到了充分开发和利用。

2001 年，在他的倡导下，嘉汉林业国际有限公司、美国耶鲁大学、南京林业大学联合举办了可持续发展高级管理人才培训班。可持续发展高级管理人才项目主要着眼于日趋严峻的全球性挑战，强调对物质生活提高和生物圈健康发展关系的理解，从而谋求人类社会和经济发展的可持续性。

至 2006 年，在他主导下，嘉汉林业国际有限公司已成为一家集林业科研、营造林、林产品加工和贸易等整合多种林业资源的国际化林业集团公司，其林业全产业链模式已经日趋完善。但与此同时，他追求的可持续发展与长期稳定收益的理念与同事之间产生了分歧。用他的话说就是：道不同，不相为谋。自此他逐渐隐退，到后来基本不涉足该公司的管理事务，直至 2010 年，全身退出嘉汉公司。

四、继续追求绿色事业

潘家杰在退出嘉汉林业国际有限公司后，继而担任香港绿源泰有限公司首席顾问，继续追求他的绿色环保梦。他认为：联合国哥本哈根气候大会之后，应对全球气候变化，国际社会越来越倚重于林业，林业产业的可持续发展直接影响着生态保护与全球应对气候变化行动的效果，因此投资林业必定大有作为。

对于投资林业的好处，他说：第一，林木若不砍伐，每年都在生长，而且林木资产不会贬值，只会不断走高；第二，最关键就是，如果没有订单就不砍树，林木照常在生长，资产就在不断积累，不存在积压存货的问题；第三，中国木材缺口很大，林木作为原料，不愁没有买家。中国现在用木材的人均量与美国相比，是美国的 1/20 左右，中国在快速发展，对木材的需求也越来越大，所以木材这个市场一定会长期存在。

现在，虽然潘家杰已年过古稀，但他说：我没有为自己设定界限什么时候退休，因为我感觉我现在做这个事业很开心，这是我的生活。

胡天宇

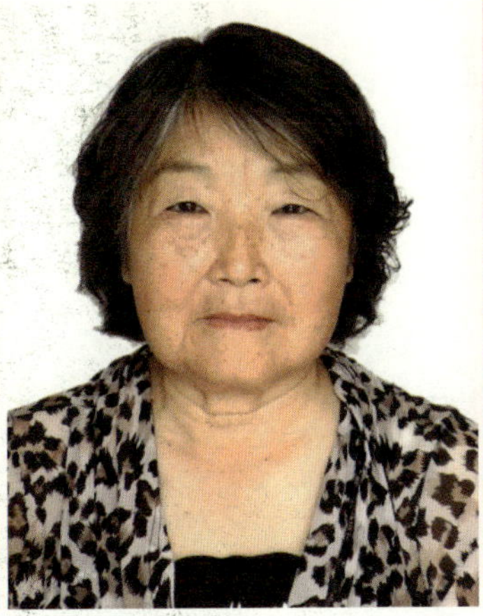

2012

四川是我国桉树栽培的北缘，气候类型多样，有着独特的发展环境，桉树引种栽培历史悠久。20 世纪 70 年代初四旁栽植大叶桉、赤桉已逾 5 亿株，由于当地农民自采（种）自营（林）方式和多代繁衍导致树种严重退化而不能利用，尽快选择出适宜四川发展的、易繁殖易推广的、经济价值高的优良桉树种是几代四川桉树人孜孜以求的梦想。在他们的努力下，四川对桉树的研究从未间断，从 20 世纪中叶开始，几十年来四川先后引进桉树上百种，但总因供种和用种方对树种特性、栽培环境的不熟悉而屡屡失败。这群桉树人里最倔强的是一个一辈子不服输的女人——胡天宇，四川省林业科学研究院的第一位女研究员。

从 20 世纪 70 年代第一次接触桉树起，胡天宇就认定了桉树是个大有前途的树种，虽参与的桉树引种项目不断失败，但强烈的桉树情结让她绝不言弃。机遇属于有准备的人，随着国家改革开放，国际间频繁的学术交流落实了种子来源的问题，为桉树的发展创造了良好的契机。在“七五”、“八五”国家科技攻关项目“短周期工业原料林定向培育技术研究”中，胡天宇参加了由中国南方桉树课题组承担主持的“桉树树种及种源引种选择”、“桉树造纸材新品种选育”课题。在两个课题实施中，得到了桉树课题组、中澳合作东门造林项目和国内外桉树专家的大力支持和帮助，获得了巨桉、尾叶桉、邓恩桉、赤桉、兰桉、史密斯桉、亮果桉、小果灰桉等国际上优势桉树树种及种源种子，还受赠和收集了国内云南、广西、广东等地的优势树种，极大地丰富了四川桉树种质资源。在国内外专家的帮助指导下，工业用材桉树引种选择充分考虑了参试树种特性和试验地生态环境，在盆地的仁寿黑龙滩林业试验场、都江堰四川林校试验场，川南的泸州市林业科学研究所、合江县，川西南的凉山彝族自治州会理县、西昌市，以及川东的丰都县开展了大范围的区域引种试验。合适的种质资源加上科学合理的试验方案，引种区试验迅速获得了成功。通过各试

胡天宇在察看桉树试验林

验点 3~4 年栽培观测，与前期引种的圆锥花桉、托里桉、大花序桉、迪恩桉等 29 个树种比较，初步选择出巨桉、尾叶桉、邓恩桉、赤桉、直干蓝桉、史密斯桉、亮果桉 7 个性状表现好、经济价值高、适宜在四川发展的短周期工业用材树种。新入选树种优异的表现很快就得到主管部门和生产单位的认同。

1989 年，四川省林业厅下达了“直干蓝桉荒山引种造林技术研究”课题，四川省科委下达了“攀西材油兼用桉树集约经营技术研究”课题。有了这两个课题的支撑，胡天宇在偏远的凉山彝族自治州驻扎了 6 年，研究了直干蓝桉、史密斯桉在川西南山地凉爽气候区的适应性、生物学特性和经济形质指标等，提出了直干蓝桉、史密斯桉在川西南山地的栽培经营技术关键措施——造林整地采用等高线撩壕整地，蓄存雨水保证冬春旱季幼树正常生长，造林第二年秋季按树高树冠的比例修剪枝叶蒸油，以减少冬春旱季幼树蒸发量，既保障了成活率，又实现了快速收益。课题实施中，造林一次成功，绿化了荒芜几十年几经造林都未见效的荒山，震惊了县委各级领导，激发了荒山造林的热情，迅速推动了直干蓝桉在攀西地区的发展。1993 年四川省林业厅将桉树纳入世行贷款造林、长防林、以工代赈、退耕还林、短周期工业原料林等多个造林项目树种。据不完全统计 1989－1994 年全省桉树造林已达 1.13 万 hm^2，四川桉树人工林开始崛起。1995 年直干蓝桉荒山引种造林技术获四川省政府科技进步二等奖，1996 年“材油兼用集约技术”获林业部科技进步三等奖。该成果还由重庆市林业科学研究所在重庆市范围内进行了应用和推广。

在直干蓝桉之前，胡天宇还于 1986 年在金沙江干热河谷区会理段实施了“赤桉种源引种试验”。干热河谷气候炎热，旱季长达 5~7 个月，除木棉和几棵赤桉外，不见高大乔木，植被非常稀少。通过 4 年引种栽培，选出的 15223~15441、15050 种源胸径、树高生长量较早前已经乡土化的地方种源“渡口赤桉”高 36%、15%，进一步推动了赤桉在干热河谷区的应用。

攻克了川西南山地后，胡天宇转战盆地。从 1991 年起，开展了四川盆地扩大引种及区域试验，先后在德阳林业局绵阳市林业科学研究所营建了邓恩桉、直干蓝桉、巨桉、赤桉等引种试验林，在乐山、眉山、成都等地实施了四川省林业厅“四川桉树引种区域试验”、“桉树短周期工业用材示范林”、“巨桉家系 / 种源试验研究”、“史密斯桉种源试验”，四川省科委“三板材良种选育”，国家林业局“948”项目“大咀桉尤曼桉种质资源和栽培技术引进”等项目。结合本地木材加工企业对桉木的需要，利用马尾松林、杉木林迹地，杂灌低效林，定向培育工业纤维林。对各试验点桉树的适应性、生长量等和栽培环境做了较详细研究，选择出四川 3 个不同生态栽培区的树种、种源及栽培技术。通过 15 年研究基本完成了“四川桉树主栽种选择研究”课题的全部内容，重新构建了四川桉树栽培格局，将四川桉树划分为两大栽培区：一是大相岭以南、川西南山地亚热带桉树栽培区，海拔 1300m 以下干热河谷区主栽种为赤桉，海拔 1300~2200m 山地凉爽气候区主栽种为直干蓝桉、史密斯桉、亮果桉；二是海拔 600m 以下四川盆地桉树栽培区，长江上游河谷主栽种为巨桉，盆地北部低山主栽种为邓恩桉。主栽种选择完成后，她将目光聚焦在巨桉的种内选择及优良种质资源收集上。1992 年开展了“13 个巨桉种源选择”及其巴西两个种批号种子的引种对比试验，通过 4 年引种栽培观测研究，结果表明各种源间性状差异显著，变异不规律，最后选择出表现良好的昆士兰北部高山（1250m）种源 17709、昆士兰南

■ 眉山市东坡区，胡天宇和她选育的巨桉优树

■ 胡天宇（左三）陪同国内外专家在乐山市平兴林场考察她亲手种下的巨桉种源家系试验林

部 14431 种源和科夫斯港 15219 种源和巴西 2 号种子。1994 年又在东门项目支持下，在乐山平兴林场和富顺林场开展了巨桉 32 个种源批号和 400 个家系家系 / 种源试验。通过 5 年栽培的生长量和形质指标测定，结果表明与 1992 年 13 个种源试验结论相似，种源间性状差异显著，遗传变异不规律。选择出的优良种源主要分布在昆士兰南部和新南威尔北部 26° 30′ S，152° 4′ ~ 153° 10′ E，海拔 300~400m；昆士兰北部种源分布在 17° 42′ ~18° S，145° 29′ E，海拔 925~1000m。从 173 个家系中选择出优良家系 13 个；从 5800 个单株中选择出 32 个优良单株，从大面积引种栽培的实生林中选择出优良单栋 23 株，为无性系开发打下基础。2000 年，胡天宇主持的“四川桉树主栽种选择研究”获四川省政府科技进步二等奖。

“四川桉树主栽种选择研究”进一步推动了四川桉树的发展，2001 年，临近退休的胡天宇仍然没有停下追求进步的脚步。由于四川的巨桉人工林生产用种主要来源于引种人工林，用引种林的种子营建的人工林林相参差不齐，分化十分严重，小于或等于全林平均胸径的单株占全林 61.4%，最优株和最差株蓄积生长量相差 4~5 倍，极不适应现代林业的需要。2001 – 2005 年，四川省林业厅向乐山林业局平兴林场下达了巨桉无性繁殖生产任务。在胡天宇带领下，课题组对前期选择出来的巨桉优树进行扦插繁殖，但未能突破，后从广西壮族自治区林业科学研究院、嘉汉林业国际有限公司林业科学研究所、广西钦州市林业科学研究所引进 GU、DH、Eg 系列，以及嘉汉转基因无性系等 29 个，栽培在乐山沙湾太平镇引种观测，同期福特思公司在成都双流引进 DH19-6、DH32-29、GU-9、U6 等 8 个无性系栽培示范，经栽培观测研究选择出 12 个无性系。在扩大引种试验中淘汰 201-1 和 201-2 无性系。2006 年开展区域试验，最后选择出 DH32-29、G9、Eg5、Eg6 四个无性系推广使用。

2005 年退休后，胡天宇继续参加桉树无性系开发和推广，积极培养四川桉树接班人。在她的坚持和培养下，四川桉树在没有课题支撑的情况下未出现断代情况，一批青年骨干脱颖而出，桉树无性系林业在四川蓬勃发展，为四川的国民经济发展做出了突出贡献。2008 年，“四川巨桉短周期工业原料林定向培育技术研究示范推广”获四川省政府科技进步一等奖。

胡天宇带着浓浓的桉树情结，在极其艰苦的科研条件下，在科研生产一线奉献了几十年，为四川选择出了 3 个不同生态区栽培的桉树树种和种源，重新构建了四川桉树栽培的总体格局，将中国桉树人工林向北推移了 3° ~4° ；形成了四川桉树培育的用种（种源）、栽培、改良综合配套技术。应用这项技术指导四川 17 个市、州进行了引种栽培和推广。因其在林业科技方面的突出贡献，先后获四川省科技进步一等奖 1 项、四川省科技进步二等奖 2 项、林业部科技进步三等奖 1 项，1994 年被评为林业部首批“全国林业技术推广先进工作者”，2001 年被国家林业局评为“全国林业科技先进工作者”，2001 年经国务院批准，享受 2000 年度政府特殊津贴，2012 年获“中国桉树发展突出贡献奖”。

白嘉雨

2013

白嘉雨，1942 年生于福建省厦门市鼓浪屿，原籍安溪县。1960 年毕业于厦门第二中学，同年考入北京林学院（生物物理专业）。1965 年毕业于北京林学院（林业专业），到中国林业科学研究院热带林业研究所工作至今，主要从事热带林木育种和营林研究工作。

1986－2002 年，任所长 16 年。1993 年晋升为研究员，1996 年任博士生导师。2002 年 5 月被聘任为中国林业科学研究院首席科学家。兼任中国林学会学术委员会委员，国际竹藤网络中心学术委员会委员，广东商会高级顾问，广东省林业科学技术委员会委员，广东风景园林协会专家委员会委员，广东木材协会专家组成员，桉树产业技术创新战略联盟顾问，国际林联（IUFRO）热带人工林营林组副主席，国际柚木网络（TEAKNET）指导委员会委员。

1996 年获国家科技进步二等奖（排名第一）、获林业部科技进步二等奖、获广东科协“丁颖奖”、获林业部“有突出贡献中青年科学家”称号，1997 年获“政府特殊津贴”，2012 年获“海峡两岸林业基金奖”，2013 年获“中国桉树发展突出贡献奖”。

白嘉雨自 20 世纪 60 年代末开始从事桉树栽培、育种研究及推广工作已经近 50 年。主要的成绩如下。

（1）20 世纪 70 年代进行桉树栽培现状的调查并提出引种区划。早期社会尚不重视桉树的研究，这一领域的研究人员很少，只能做一些调查和局部的栽培研究，与桉树协作组成员完成南方桉树调查，提出桉树引种区划。

（2）主持多项重点课题，出任与澳大利亚 ACIAR 合作的“澳大利亚阔叶树种引种与栽培”研究项目负责人。1980－1990 年，作为中方项目负责人，主持与澳大利亚 ACIAR 合作的“澳大利亚阔叶树种引种与栽培”研究项目，引进及改良了澳大利亚阔叶树种并大面积推广，该课题进行 8 年，目的是在广泛系统的种源试验基础上，

2007年，白嘉雨考察澳大利亚桉树天然林

2003年，白嘉雨观察桉树开花特性

引入适应我国华南地区的速生优良桉属、相思属、木麻黄属树种，并研究速生丰产措施。项目执行期间，组织项目组进行了种和种源的选择、子代鉴定、种子生产基地的营建、基因库的建立、优树选择、杂交育种、施肥、丰产林措施等方面的研究，先后引入桉树 63 种 258 个种源 572 个家系，引入了相思及木麻黄近 100 种，进行了区域性种源、家系试验。

（3）主持的“桉属树种引种栽培的研究”于 1996 年获得国家科技进步二等奖（排名第一）、林业部科技进步二等奖。与项目组成员共同努力，在大量引入种质资源的前提下，收集基本群体，进而建立育种群体，然后经选择为生产第一线提供繁殖群体。选出了尾叶桉、细叶桉等适宜生长的种及其种源、家系、无性系。选出的尾叶桉优良家系其生长量比原来的生产用种提高了 4.7 倍。这些成果已大面积推广并产生效益，促进了短轮伐期纸浆材树种利用并形成产业。

（4）主持多项国内外桉树研究的重点项目。关注社会对桉树生态效益的质疑，调查研究桉树对水分、营养的需求和消耗，并撰写论文、较科学地回答相关问题。

（5）在 20 世纪 80 年代提出林纸一体化，强调林场是纸浆厂的第一车间。20 世纪 80 年代在《广东造纸》期刊发表“林场是纸浆厂的第一车间”论文，论述林纸结合的重要性。在华南各兄弟单位产学研密切配合下，桉树人工林已成为华南纸浆生产的重要原料，为在华南建立木浆材基地打下了基础，同时也为农民及企业找到一条致富的道路，为我国纸浆业生产取得突破性进步做出贡献。

（6）积极参加有关桉树的各种社会活动，为企业提供咨询，帮助农民种植桉树，参与桉树的推广和科普。曾参与国家林业局桉树研究开发中心建立的可行性考察和论证及南方国家级林木种苗示范基地建设方案的筹备。著有《桉树》、《桉树栽培技术》、《南方林木育种研究》和《我国热带主要外来树种》等相关书籍。1992－1999 年，

■ 2015年，白嘉雨（左一）察看桉树试验林

主编《桉树》等 15 种，收入相关国内外桉树资料 200 余篇，为科研和生产提供急需的参考资料。

（7）培养了一批研究桉树育种和栽培的人才。主持的几项研究项目都组织了多学科的人员参加研究，整个研究过程培养提高了参加人员的设计、观测、研究、分析、总结及外语能力。从 20 世纪 90 年代开始作为博士生导师先后培养桉树育种领域的研究生 6 名（另有其他领域的 5 名），现在均是本研究所及南方相关领域的学科带头人和骨干。

白嘉雨用“桉闲”的昵称表白了对桉树的热爱：“一辈子从事林业研究，桉树——平安之木为研究的重点树种之一。依木为桉（安）、门庭有木则闲，安而闲不亦乐乎。”

2013

王豁然

1982年，澳大利亚国立大学校刊报道说，中国留学生王豁然在L.D. Pryor教授和J. Banks博士指导下，在澳大利亚国立大学森林系学习桉树分类学、生态学和遗传学，“为绿化中国研究桉树”（Studying gum trees for a Chinese landscape，ANU Reporter，23 July 1982）。从那时起，王豁然先生一直从事桉树研究，凡30余年，成就斐然。

一、主要经历

王豁然1965年毕业于东北林学院（现东北林业大学），同年被分配到中国林业科学研究院工作。1981年，经高教部和林业部遴选，派往澳大利亚国立大学森林系留学，1984年回国，2008年退休。先后担任中国林业科学研究院副院长吴中伦院士助手，林业研究所研究员、博士生导师、林木引种研究室主任和资深专家。1995年，曾在英国爱丁堡大学做加勒比松遗传改良客座研究（Sabbatical）；2000年，在澳大利亚科工组织（CSIRO）林业与林产品研究所做访问学者（Crawford Fund Fellowship），研究桉树生物多样性。王豁然先生多年担任联合国粮食及农业组织（FAO）森林基因资源专家组专家（1993－2010），国际林联（IUFRO）第二学部热带树种与地理种源专题组主席（1990－2000）、阔叶树育种与遗传资源学科组主席（2000）。中国林学会第八、九、十届理事，中国林学会树木引种驯化专业委员会主任委员（1994－2010）、荣誉主任委员，中国林学会林木育种分会顾问，中国林学会桉树专业委员会副主任委员、顾问，华南农业大学客座教授等职。他还担任《林业科学》（1987－2015）、《林业科学研究》和国际《森林遗传学》（Forest Genetics）等期刊编委，许多国际项目森林与环境技术顾问和评估专家，为许多企业的桉树人工林发展和经营提供技术咨询。2012 年，王豁然被收入美国世界名人录（The Marquis Who's Who in the World，29th Ed. 2012）。

王豁然长期从事树木引种驯化与林木遗传改良研究，以桉树、松树和栎树等外来树种为研究重点，主持多项国际合作研究项目和国家科技攻关与成果推广课题。他主持过的研究课题包括：①中澳国际合作研究项目：澳大利亚阔叶树种引种与栽培试验（1985－1993）；②“八五”国家科技攻关专题：国内外重要工业用材树种引种驯化研究（1991－1995）；③国际科学基金会（IFS）课题：细叶桉地理种源试验和桉树芳香油树种选择（1988－1995）；④中英国际合作研究项目：加勒比松遗传改良与早期营建（1993－1997）；⑤“九五”国家科技攻关专题：加勒比松遗传改良（1996－2000）；⑥国家林业局“948”项目：栎树种质资源与栽培技术的引进（1997－2002）；⑦国家林业局成果推广项目：桉树优良新品种与栽培技术的推广（2004－2007）。

王豁然所做的桉属树种引种与栽培研究获得林业部科技进步二等奖（1995）和国家科委国家科技进步二等奖（1996）。他曾获国务院政府特殊津贴（1997）。

二、科学成就

（1）王豁然是在我国实行改革开放政策以后，中国政府于 1981 年派出的第一个去澳大利亚学习桉树的留学生。在国际著名桉树专家、澳大利亚国立大学植物系主任普赖尔（L.D. Pryor）教授指导下学习研究桉树分类学、遗传学和生态学，从此开始从事桉树研究的科学生涯。

（2）1984 年回国以后，在浙江温州建立桉树野外试验，担任乐清桉树良种繁育站技术顾问。1985 年 10 月，他陪同澳大利亚政府专家组 L.D. Pryor 教授和 J. Turnbull 博士考察雷州林业局和华南其他地区桉树人工林发展状况，积极参与政府间技术谈判。项目达成协议以后，作为项目负责人开始执行中澳两国之间的第一个林

2009年，王豁然（右）与澳大利亚桉树专家理查德•佩格在广西东门林场观察桉树杂种

2012年，王豁然在云南楚雄一平浪林场观察蓝桉子代测定林

业合作研究项目，“澳大利亚阔叶树种引种与栽培试验（1985－1993）”。该项目包括桉树、相思和木麻黄3大类树种。8年期间，引进桉树50种230个地理种源，建立巨桉、柳桉、昆士兰桉、尾叶桉、托里桉、蓝桉、亮果桉和史密斯桉等重要用材树种的全分布区地理种源试验，在福建、浙江、广东、广西、云南和重庆等地建立试验林10处80hm²，并在国内外报道试验结果，为我国桉树人工林的树种/种源选择提供理论基础和试验依据。项目还分析了巨桉等树种G×E交互作用，木材性质遗传变异，建立子代测定林、种子园和基因库，蓝桉（楚雄一平浪林场）和巨桉（漳州华安）分别为309/160家系，为长期育种项目和基因资源保存建立基本群体。在项目后期，建立巨桉、史密斯桉等优良树种/种源示范林200hm²，覆盖东南和西南等地区；项目还成功地引种了王桉等单蒴盖亚属桉树，具有重要生物地理学意义。在楚雄、昆明海口林场和金殿林场建立的桉树引种试验林，许多树种在国内绝无仅有，例如巴吉桉、新英格兰桉和扫帚桉等。王豁然应用生物气候分析方法提出我国桉树引种栽培的生态地理区划，桉树工业人工林U字形地理栽培区域和以集约经营的桉树人工林为基础的机会林业（Opportunity Forestry）概念。1993年项目成果鉴定时，朱之悌院士等专家认为：“研究成果达到了国际同类研究的先进水平”。此项研究成果分别获得国家科委和林业部科技进步二等奖。

（3）王豁然是我国第一个成功申请国际科学基金会（IFS）林业项目的人，“细叶桉地理种源试验和桉树芳香油树种选择（1988－1995）”在浙江温州、福建莲江、海南临高和云南弥勒建立细叶桉多点地理种源试验；在云南楚雄林业科学研究所建立史密斯桉、贝克桉、毛皮桉、丰桉、辐射桉和多苞桉等桉树芳香油树种选择和栽培经营模式试验，推动了我国桉树芳香油工业发展。

（4）1997年，国家科委指定中国林业科学研究院林业研究所作为技术支撑单位，将史密斯桉列为重点推广树种。如今，史密斯桉已经成为滇中和我国西南其他地区桉树人工林重要工业用材和芳香油树种。王豁然通过国家林业局“桉树优良新品种与栽培技术的推广（2004－2007）”项目，在浙江台州建立巨桉母树林采种基地，推广经过遗传改良的优良种质资源，并将巨桉和邓恩桉推广应用于沿海防护林。在世界银行贷款造林项目中，作为专家支持组成员，陪同世行专家考察华南地区桉树人工林，积极参与谈判，提供技术支撑。最近几年，还帮助漳州林业局在闽南地区大规模推广昆士兰桉。

（5）著作等身是中国传统知识分子的价值追求。王豁然在国内外发表专著3部，译著2部，论文集4部，学术论文与咨询报告100多篇。《桉树生物学概论》（科学出版社，2010）和《中国桉树检索表》（中国科学技术出版社，1991）是其呕心沥血之作，具有重要的理论意义和应用价值。他翻译的《桉树分类》（东北林业大学出版社，1986）和《桉树培育与利用》（中国林业出版社，1989）第一次将澳大利亚桉树研究成果介绍到国内来。他在《格局在变化——树木引种与植物地理》（中国林业出版社，2005)，《澳大利亚阔叶树研究——中澳林业合作项目国际研讨会论文集》（中国林业出版社，1993）、《林木引种驯化与森林可持续经营》（中国环境科学出版社，1998）和《外来树种与生态环境》（中国环境科学出版社，2001）等著作和文章中，报道的桉树研究成果对于桉树科研和生产具有重要价值。

（6）王豁然通过各种研讨会、培训班、技术咨询、项目评估和报纸电台等方式阐述和传播桉树的经济价值、环境价值和文化价值。他在学术报告中，报道国内外桉树研究动态和桉树人工林发展趋势，主题涵盖桉树分类学、植物地理学、繁殖生物学和生态学与转基因技术应用等学科领域。他还通过报纸电台等新闻媒体，宣传关于桉树的科普知识。1998 年 4 月 27 日，中央人民广播电台 [科技天地] 专题节目播出他写的科普文章“史密斯桉引种及人工林丰产营建技术”。《中国绿色时报》于 2004 年 8 月 9 日第 2 版刊登了王豁然所写评论“桉树人工林绝不是绿色沙漠”，这篇文章有力地驳斥了对于桉树的错误认识和恶意污蔑，《中国环境科学报》和《北京科技报》均予以转载。同年，他还为《中国绿色时报》供稿 1 篇——“桉树热中的冷观察”，从科学角度分析了我国桉树人工林的发展热潮。他还为许多桉树企业和项目评估写过技术咨询报告，科学评价桉树人工林的环境效益。

王豁然常常不无遗憾地说，中国还没有建立起桉树标本园（Arboretum)，大理的洱海之滨和雷州半岛都是理想之所。在中澳国际合作项目结束之后，巨桉和蓝桉子代测定林均未能成功地转变成种子园，至今，重要桉树人工林树种的遗传材料还不能自给。

近年来，王豁然仍孜孜不倦，致力于桉树文化和精神价值研究，宣扬赞美“桉树八品”，推崇倡导挺拔向上、刚直不阿、自强不息和甘于奉献的桉树精神，促进人们科学认识桉树和热爱桉树。

老骥伏枥，志在千里。王豁然先生数十年如一日，学习桉树，研究桉树，推广桉树，寄情于桉树品格，践行以桉树精神，为中国的绿化事业而研究桉树。

2013

谢耀坚

谢耀坚，湖南省湘潭县人。现任国家林业局桉树研究开发中心主任 / 党委副书记、研究员、学术委员会主任，中国林业科学研究院博士生导师、职称评委会（工程系列）委员，中国林学会理事、中国林学会桉树专业委员会主任委员，《桉树科技》期刊主编，湛江市政府科技咨询专家。在桉树育种、现代育苗技术和人工林可持续经营等方面造诣较深。

2002 年获广东省湛江市科技进步二等奖 1 项“南非桉树新品种及材性测定技术引进”；2003 年获广东省科学技术二等奖 1 项“桉树纸浆材用材树种良种选育及培育技术”；2009 年获中国林业科学研究院科技奖二等奖 1 项“华南主要速生阔叶树种新品种选育及培育技术”；2010 年获广东省农业推广奖二等奖 1 项“桉树中大径材培育集成技术”；2011 年获梁希科学技术奖二等奖 1 项“耐寒桉树种质资源改良及培育技术”；2012 年获国家科技进步奖二等奖 1 项“林木育苗新技术”；2006 年获“全国优秀林业科技工作者”称号，2012 年获“《科学中国人》杂志年度人物奖”。培育并获得植物新品种权 6 项，“新桉 1 号”至“新桉 6 号”。获鉴 / 认定科技成果 4 项，标准 3 项。

主要业绩如下：

桉树是世界上著名的三大速生树种之一，我国现有桉树人工林面积 440 万 hm^2（2014 年），每年为国家生产木材 3000 万 m^3 以上，仅用全国不到 2% 的林地面积生产了全国 1/4 的木材，为保障我国木材安全做出了重要贡献，同时在间接保护天然林和生态林过程中发挥了关键作用。桉树木材是制浆造纸、人造板工业的原料，目前我国桉树产业直接产值已经超过 1000 亿元，间接产值超过 4000 亿元，已成为我国林业和轻工产业的一个重要支柱。

谢耀坚 1998 年起任国家林业局桉树研究开发中心副主任，2005 年起任中国林学会桉树专业委员会主任，为我国著名的桉树专家，他的贡献主要在三个方面：一是直接主持和参加国际国内重大的桉树科研项目，成果颇多，这些成果广泛应用于生产，产生了巨大的社会、经济和生态效益。二是他领导着我国最大的桉树研究团队和中国林学会桉树专业委员会，为我国桉树行业提供科技支撑服务，带来的影响和产生的效益更加深远。2006 年，以桉树专业委员会为依托成立“中国桉树育种联盟”（现为“桉树产业技术创新战略联盟”），联合组成产学研合作共同体，对促进桉树良种培育和推广，推动桉树产业升级发展，发挥了巨大的作用。三是作为硕士和博士生导师，为桉树事业培育了一批年轻的专业技术人才，活跃在我国桉树科研和生产第一线。他近期主持的重大课题包括：①国家“十一五”科技支撑课题：桉树和相思速生丰产林培育关键技术研究与示范（2006BAD24B02）；②国家“十一五”科技支撑课题专题：沿海抗风折植物筛选与快繁技术研究（2006BAD03A0107）；③林业公益性行业科研专项（重大项目）“桉树生态经营及产业升级关键技术研究”（201104003）；④林业公益性行业科研专项“桉树实木材良种创制及定向培育技术”（201504204）。

以谢耀坚排名第一的成果“耐寒桉树种质资源改良及培育技术”，系统地解决了耐寒桉树的培育、高效经营等急需解决的问题，技术集成性强，关键技术创新性显著，总体达到国际先进水平，为耐寒桉树在我国的高水平发展奠定了坚实的基础，是我国南方速生丰产林发展、集体林权制度改革后林地高效利用急需的技术，市场需求旺盛、得到广泛的推广应用。成果在云南、湖南、福建、广西、江西、贵州等 8 个省（自治区）造林面积已超过 13.3 万 hm^2，新增产值超过 20.0 亿元，提高了土地的利用效率，并在推广地区形成了木材生产、加工的产业链，创造了大量就业机会，取得显著的经济、社会和生态效益。

成果“桉树中大径材培育集成技术”经过近 10 年的研究，在品种选择、密度控

谢耀坚在为桉树进行营养生长诊断

谢耀坚（左）考察南非桉树苗圃

谢耀坚（右一）陪同国际专家考察湛江桉树人工林

制、施肥技术和修枝控制等方面提出了全套的技术，在施肥和修枝等方面具有创新，成果达到国际先进水平。2014 年，我国桉树人工林面积达到 440 万 hm^2，而且还处于快速发展阶段。过去，桉树的主要经营目标为纸浆材，效益低，周期短，对土壤的消耗大。发展桉树中大径材，可使桉树的加工价值在纸浆材的基础上提高 2~4 倍，即由 400 元 /m^3 提高到 1000 元 /m^3 以上，同时，通过延长轮伐期，改变经营模式，更有利于桉树人工林的可持续发展。我国目前市场上中大径木材奇缺，发展桉树中大径材，具有广阔的市场前景和很好的生态及社会效益。

谢耀坚经常深入桉树林场开展调研工作，营建了系列试验示范林，发表科研论文共 70 余篇，出版《世纪初的桉树研究》、《中国桉树研究三十年》、《真实的桉树》等书籍。他将一腔心血尽数倾注在桉树研究与人才培育上，对桉树具有深厚的感情，作为硕士生导师和博士生导师，已培育桉树方向研究生十多人。他说：科学发展桉树，关键是合理规划布局，科学经营管理，引导桉树产业健康发展。种植桉树具有显著的经济和社会效益，是造福社会的有益之举，因此，应当理性认识桉树，通过科学管理、合理布局等举措，令其实现效益最大化，为民生林业树立典范。

2013

项东云

项东云，生于1960年，广西扶绥人，南京林业大学林木遗传改良学博士研究生，教授级高级工程师。现任广西壮族自治区林业科学研究院副院长（正处级），中国林学会理事，桉树专业委员会副主任、树木引种驯化委员会副主任、林木遗传育种分会常务委员；广西林学会副秘书长、桉树专业委员会主任、林木育种专业委员会副主任；广西大学兼职教授；国家林业局营造林和森林资源评估咨询专家，国家环保部环境评估中心评估专家。

长期从事林木改良和森林培育技术研究，主攻桉树育种与速生丰产栽培技术。1983年7月大学毕业，1983年8月至1989年12月参加中澳技术合作东门桉树示范林项目，1987年7~9月到巴西进修桉树杂交育种和无性系扦插繁殖技术；1993年6~9月到澳大利亚进修林木遗传改良技术；2015年1月至2月赴澳大利亚参加伞房属桉树锯材树种种质资源及其先进技术培训。主持和主要参加完成20多项国家、省部级科研和国际合作项目，引进170多个桉树种质资源和建立的种质资源库、育种群体，为亚洲、国内同类研究之最，建立了我国最大的桉树良种生产基地；培育人工杂交种200多个，选育无性系1000多个；最优人工杂交家系年均蓄积生长量达70.30 m^3/hm^2，培育最优无性系年平均生长量达66.18 m^3/hm^2，创造我国林木人工杂交育种研究亲本、组合和家系、无性系数量以及生长量的新纪录，达到桉树杂交育种的世界先进水平；对林分生物量、植被生物量和林地生产力进行评估，系统开展高产栽培技术研究，为华南地区桉树速生丰产林基地建设提供系统的栽培技术。对提高华南地区桉树人工林的产量和质量，为维护国家木材安全和促进华南桉树速生丰产用材林及其林浆纸一体化产业发展做出突出贡献。发表相关研究论文70余篇，参加编著出版专著7部。

多年来，项东云主持和主要参加的研究项目获得国家科技进步三等奖1项，部省级科技进步二等奖6项、三等奖5项，广西壮族自治区社会科学优秀成果奖二等

项东云（右一）调查广西东门林场桉树丰产林

9年生大花序桉优良家系：平均胸径达23.0cm，平均树高达20.3m，单株材积可达0.3638m^3（右为项东云）

奖1项，广西壮族自治区党委、政府重奖科研人员二等奖1项，梁希林业科学技术奖二等奖1项、三等奖1项。1998年9月被确定为广西“十百千人才工程”第二层次人选，1999年1月被评为广西壮族自治区优秀专家，2003年9月获人事部、国家林业局“全国林业系统先进工作者”称号，2005年12月获首届广西林业科技重奖个人和2001－2005年度全区林业科技工作先进个人，2008年3月获得国务院享受政府特殊津贴专家，2008年11月被评为广西壮族自治区第六次民族团结进步先进个人，2010年4月获中国林学会第六届劲松奖，2013年获“中国桉树发展突出贡献奖”。

梁理勇

2013

梁理勇，生于 1958 年，广东遂溪县人。大学本科学历，高级工程师和高级政工师职称。1986 年 7 月从广东省林业学校毕业分配到雷州林业局，一直扎根在雷州半岛这片桉树绿海上。1999 年以后，他先后任林场副场长、场长、书记及局副局长、党委书记等职。2003 年 10 月至 2006 年 11 月，担任雷州林业局局长，2006 年 12 月至 2014 年 10 月担任中国国有林场开发总公司副总经理、雷州林业局局长。2014 年 10 月至今，担任中国国有林场开发总公司副总经理。

梁理勇在雷州林业局工作几十年，尤其任雷州林业局局长期间，利用主持全局工作的身份，充分挖掘雷州林业局土地资源优势，积极推广桉树种植，大力实施科技兴林战略，为中国桉树的发展做出了突出的贡献。

一、走科技兴林之路，做大做强桉树

梁理勇始终把科技兴林放在优先突出的位置上，任雷州林业局局长后，坚持每年投入科技经费 250 万元以上，紧紧围绕桉树生产全面开展各项科研工作，很好地促进了林业生产的发展，雷州林业局林木总蓄积和年生长量逐年上升，至 2009 年实现活立木总蓄积 245.2 万 m^3、林木年总生长量 77.8 万 m^3 和每公顷年平均生长量 23.7m^3，创造了雷州林业局活立木总蓄积量、林木年总生长量和每公顷年平均生长量新的历史高峰。做到了青山常在，永续作业。

梁理勇坚持科研活动紧密结合林业生产的实际和需要，每年与属下单位林科所签订责任书，明确课题任务和考核指标，要求林科所每年研究新的优良无性系 2~3 个。林科所科课题研究内容涉及桉树多个方面，如：桉树良种选育、无性系繁殖、测定与中试、栽培技术、病虫害防治、轻基质育苗和桉树继代苗扩繁研究，并兼顾土壤分析

■ 2012年6月，梁理勇（中）陪同中国林业集团公司副总经理朱成庆考察雷州林业局纪家林场桉树林

检测、经济作物组织培养等方面。

梁理勇非常重视与各科研单位的密切合作，在他的大力支持下，雷州林业局长期与中国林业科学研究院热带林业研究所、国家林业局桉树研究开发中心、华南农业大学、广东海洋大学等科教单位进行合作，涉及的课题有：杂交桉优良无性系选育研究、尾细桉杂种无性系中试与选育、桉树优良品种选育、桉树高产栽培技术研究、桉树高抗性优良无性系选育及高效栽培技术研究与示范、基于营养诊断的桉树施肥技术研究及专用肥肥效评价等的研究。与各科教单位长期的密切合作，显著加快了雷州林业局科技兴林的步伐。

梁理勇寻求一切科学的方法，切实做好桉树科研成果的推广工作。他结合自己和他人的经验，提出许多切实有效的措施，保证新品种的种植和早日成材。

（1）大力加强苗圃管理，培育桉树优品质无性系苗木。一是及时调整优品质无性系苗木结构。按照适树适地的原则，他要求各林场大力推广桉树新品种。从2006年起，全局植苗更新全部推广新品种苗木，优品质无性系苗木推广率达到100%。二是加强苗木出圃管理，把好出圃质量关。凡是未经过3次分级并验收合格的苗木不准出圃；在出圃时凡是没有提前施“送嫁肥”的不准出圃。三是苗木出圃的品种必须按照植苗更新规划的品种对号出苗，确保营林措施落到实处。四是对新品质苗木进行整合，推广混交林造林。

（2）在营林生产上，他提出许多新的做法。一是早准备、早规划、早实施，打好营林生产的主动战。规定凡是采伐工地完工后必须在两个月内完成迹地更新或机垦备耕待雨造林工作。二是根据立地条件，对整地开沟犁和抚育犁结构进行改造，提高备耕整地及幼林抚育质量和工效。他要求植树沟深度达到45cm，宽度达到1m，做到深栽，提高幼林的抗风能力；抚育松土由原来的深度20cm、宽度1.5m提高到深度30cm、宽度2.1m，使行间杂草和杂灌的清除更加彻底，增加了林间的通透性，改善了林间小气候，有利于增强幼林抗病能力和光合作用，促进林木的生长，同时又能更好地对植株进行培土，增强幼林的抗风力。三是细化管理，加强幼林中后期管护工作。他要求各林场幼林抚育施肥时间必须严格执行《雷州林业局肥料管理规定》，并结合各自的实际采取了一些措施：首先，落实每个小班肥料的总施放量，并下达到林队实施，同时，对一些立地条件差和林木生长不平衡的小班，适当增加施肥量和增加多施一次肥。其次，施肥前要求先进行机抚松土，才能进行开穴施肥；萌芽林还必须进行第 2 次定株，才能进行开穴施肥。

二、抓好桉树产品生产，树立了桉树品牌

梁理勇积极倡导推广机械化采伐林木，减少对劳动力的依赖；要求各林场强化林队一级管理，保证木材工地 24 小时有人驻守；实行木材分段销售，实现效益最大化；坚持两级验收、验收与交材分离制度，防止木材被盗和丢失的现象。

在木片生产管理及销售工作上，他要求二级单位雷州林产工业总厂以制度治厂，认真执行雷州林业局木片管理的相关规定，严抓木材进厂质量关，特别是自费林、岗位林木材进厂的人情关。他主张更新了 5 条生产线，极大地保证了木片质量；强化了木片的全过程安全管理，确保了木片生产的顺利进行。他督促采取工厂、客户和局联合检测水分的办法，有效防止了木片因水分高遭受扣罚的现象；他要求加强木片销售过程的监控，做到了木片进厂、运输销售、结算都有专人跟踪管理。

三、开拓外部市场 做大做强桉树事业

梁理勇不仅仅立足雷州林业局本部林地种植桉树工作，他还时时思考做大做强雷州林业局桉树品牌。他主持参与了两大重大项目经营拓展工作，为雷州林业局的发展壮大做出了突出贡献。

一是大力实施对外租地战略。2005 年 1 月，成立广西岑溪中林林业发展有限公司（简称“中林公司”），梁理勇兼任中林公司董事会董事长，主持开展中林公司异地租地造林全面工作。他经常到岑溪中林公司检查指导工作，鼓励和督促员工发扬艰苦奋斗的精神。至 2012 年底止，中林公司已签订租地合同 0.5 万 hm^2，种植桉树 0.42 万 hm^2。2011 年开始进入采伐，取得了较好的经济效益。

二是积极做好对外桉木片的收购工作。2004 年，雷州林业局决定，由属下林工商公司开展对外部收购桉树木片工作，梁理勇作为局长兼任林工商公司总经理，经常为木片收购东奔西走，想方设法开展对外收购木片工作。林工商公司年均对外木片收购均在 20 万绝干吨以上。

三是重视与国际同行的沟通和合作。2000 年 10 月，带队考察了日本木片市场；2011 年 3 月，考察了澳大利亚和新西兰桉树发展；2013 年 11 月，考察了越南桉树木

片生产。

梁理勇把最宝贵的青春和壮年时光献给了桉树事业，在他的带领下，雷州林业局桉树种植经营实现了历史跨越。其间，雷州林业局种植推广了SH1、LH1、DH201-2及雷2、雷5、雷9、雷11、雷18、雷22、金光21、DH32-29等桉树优良无性系，生产产品有木材、桉木片、旋切板、桉树优良种苗等。经济效益明显，实现年均总收入在4亿元以上，年均利润2500万元以上。雷州林业局成为我国南方最大的桉树人工林基地之一。

梁理勇多年主持桉树栽培与管理工作，多篇反映桉树种植的科技论文获奖：2001年，"桉树青枯病控制技术研究"获广西壮族自治区科技进步三等奖；2002年，"桉树营养与施肥及立地土壤管理技术研究"获广东省科技进步三等奖；2003年参与完成"九五"国家重点科技攻关项目"桉树纸浆用材林树种良种选育及培育技术"获广东省科技进步二等奖。论文"加快国有林场发展的对策"、"加快广东的造纸工业原材料基地建设"、"林业经济应在泛珠三角经济合作圈中发挥重要作用"、"雷州刚果12号桉（W5无性系）林分蓄积量与胸径树高密度及其之间关系的探讨"和"雷州刚果12号桉（W5无性系）林分胸径-密度表"分别在《中国林业》、《绿色中国》、《广东科技报》、《桉树科技》等报刊上发表。

梁理勇1997－2011年当选为遂溪县城月镇人大代表；1998年至今当选遂溪县人大代表、人大常委会委员；2006－2011年当选湛江市人大代表；2011年至今，当选湛江市政协委员。

2014年5月，梁理勇（右一）陪同中国林业集团公司副总经理曹效军考察雷州林业局唐家林场桉树林

邹国明

2013

邹国明，1978 年 12 月参加工作，1991 年 12 月进入林业系统工作，历任漳州市华安县林业局局长、漳州市林业局副局长、调研员；兼任福建省林学会桉树专业委员会主任委员，漳州市林学会理事长。主要从事林业营林和林业科技、推广和种苗等工作。20 年来，在林业科技成果转化、科技兴林、良种资源培育等方面，精心组织了一系列的科技创新科技服务工作，为推进漳州市现代林业建设，促进林业又好又快发展提供了强有力的科技支撑，发挥了重要作用；在发挥林业的经济效益、生态效益和社会效益上取得显著成效。主持和参加的项目中，获得省、市科技进步奖 6 项，先后发表十多篇论文，曾被国家六部委授予“全国农业科技推广先进工作者”，被福建省委省政府授予“全省林业十大科技标兵”，被国家林业局授予“全国优秀科技工作者”，被福建省林业厅授予“全省林业科技先进工作者”，被漳州市委市政府授予“漳州市专业技术拔尖人才”等称号。1999 年获得全国绿化奖章、2011 年被评为“全国绿化先进工作者”；被评为“全国国土绿化突出贡献人物”（全国 100 名），享受省部级劳模待遇。2013 年获“中国桉树发展突出贡献奖”。

邹国明从事林业生产和科技推广工作 20 年，积极深入林业生产第一线，带动漳州桉树又好又快发展，成为漳州科技兴林桉树发展的带头人。2001 年他积极向漳州市政府建言献策，为漳州发展桉树提供科学决策依据，他精心组织科学造林试验，积极推广先进栽培经营模式，以示范促推广，令漳州桉树从无到有，从小面积发展到大面积，使桉树成为漳州林业的主力军。漳州森林覆盖率较之前显著提高，森林资源质量明显改善，森林蓄积量翻一倍多，实现了发展桉树再造一个漳州林业的目标。至“十二五”期间，漳州已成为福建全省最大的桉树速生丰产林基地，桉树林总面积由 2002 年全市不足 0.2 万 hm^2 发展至“十二五”期间 17.7 万 hm^2，占全市林业用地的 20.2%，同时林业实现了跨越式发展，全市森林蓄积量由 2002 年的 1433 万 m^3 提

2009年，邹国明在平和天马林场调研大花序桉大径材培育

2009年，邹国明在长泰岩溪林场调研桉树培育现场

高至 2013 年的 3553 万 m^3，至 2015 年全市森林蓄积量已达 3987 万 m^3，其中桉树占 1758 万 m^3，占 44%，实现翻倍目标。森林限额采伐由“十五”期间的 80.79 万 m^3 增至“十一五”的 120 万 m^3，至“十二五”已增至 372 万 m^3，彻底改变沿海市无林砍伐的被动局面，使漳州林业跻身全省前列。

以桉树为主的速生丰产用材林的迅速发展，使大量多次造林不成林的荒山和疏林地在短时间内得以绿化。农民主动抢山造林，形成全社会主动积极参与造林的可喜局面。农民收入显著增加，预计年增收约 5 亿元左右，有效解决农民就业问题，林农由先种树“赚钱”接着又“筹钱种树”。桉树速丰林发展步入良性循环，木材加工产业随之快速发展；漳州 1300 多家木材加工企业年消耗木材 300 多万立方米，由于加工业发展推进木材价格的上扬，桉树木材价格由 2002 年前的 380~400 元 /m^3 上升至近几年 600~700 元 / m^3，形成在全国有重要影响力的以桉树为主要原材料的建筑模板市场，打破了我国桉树木材市场长期由外国垄断的局面，桉树产业为漳州市社会经济发展增加了一个重要的支柱产业，实现了林业经济、生态、社会效益，三效兼优，全面发展。

王保乐

2013

王保乐，2005－2015年先后任湛江晨鸣林业公司副总经理兼惠州分公司总经理，赣州分公司总经理，晨鸣林业公司总经理；管理湛江、阳江、黄冈和南昌4个林业公司11万多公顷林地。2006－2011年，在他的带领下，公司在广东、江西、湖南等省52个县（市）种植桉树人工林5余万公顷，有力促进了晨鸣集团林浆纸项目的实施。

王保乐对晨鸣林业公司的贡献尤为显著。由于起步晚，发展地域有限，公司在经营初期面临诸多困难。在王保乐的带领下，公司采取了一系列有效的措施，打开了局面。首先是深入调查、摸底，掌握可发展的林地资源，进行合理布局、重点公关，抢占先机。其次是组织强有力的工作专班，加强宣传。特别是在村民对种植桉树存有误解，当地政府又不支持的地方，大力宣传科学种植桉树的好处以及给农民带来的利益，争取认同和支持。然后是规范林地流转，妥善处理遗留问题。承包山地初期，由于农村人口流动大，地域偏远，社情民情复杂，导致困难重重。在王保乐的领导下，公司按照《农村土地承包法》，本着尊重事实的态度和据理力争的原则，经过大量耐心细致的工作，一方面妥善处理纠纷，把问题消灭在萌芽状态；另一方面及时总结经验教训，进一步规范、细化和完善承包合同，做到一户一签，一证一签，不留隐患。由于王保乐及其同仁勤恳细致的工作，保证了营林工作的顺利进行。

王保乐对于公司的贡献不仅在于正确把握宏观的方向，还在于对人才的培养，尤其是管理人才。公司成立伊始，大多数员工来自工业生产一线，对林业十分生疏。王保乐通过言传身教、重点培训等方式，将自己的丰富经验分享给新人。王保乐在公司工区林场组织学习培训，十余年来常抓不懈。从专业理论到林务实践，他亲自编写教材，制订培训计划，定期考核，不断提高员工的管理素质和业务水平。在王保乐的长期培养下，10年来已有80余人成为公司管理的骨干，更有近10人进入了公司高层管理岗位。此外，王保乐还为公司大力引进各类专业技术和管理人员，作为人才梯队的有力补充。在王保乐的领导下，公司在生产和销售的各个环节把好关，管好林，育好人，建成了一支具有晨鸣特色和理念的管理团队。

晨鸣公司营林，始终坚持以效益为目标，合理规划，科学经营。做到短期效益与长期利益相结合，经营效益与社会效益相结合，注重与当地政府、林业部门的沟通和配合，尽可能保证已种植的桉树林面积不因地方政策的变化而减少，同时注重营林的效果，做到保林增效，保质增量。为此，公司在管理上投入了大量精力。公司采取三级管理，重点放在工区（林场），放在现场、小班。每宗林地都有责任人，实行责任到人。公司的稽查、考核专班将公司的所有林地都列入检查，而不是抽样调查。只要发现问题，就及时整改。检查结果与责任人的报酬挂钩，实行奖优罚劣。对于出现的安全问题，做到“三不放过”，防微杜渐。

王保乐虽已退休，但心系桉树，对公司的下一步发展十分关注。公司将通过建立林种、材种的定向经营模式，精选品种；通过良种壮苗，夯实基础；通过合理密植，优化结构；通过科学施肥，维护地力，持续利用。将桉树人工林基地由低生产力地带转向高生产力地带，为桉树速丰林的发展而持续努力。

2007年11月，王保乐在广东肇庆桉树基地考察学习

黄 民

2013

黄民，生于 1966 年。九三学社社员，广东省肥料协会常务理事，第四、第五届中国林学会桉树专业委员会委员。1990 年硕士毕业于中山大学生物系，毕业后进入广州经济技术开发区达一农业有限公司。在该公司的任职经历是：1990 – 1993 年，任公司技术开发部主管；1993 – 1998 年任公司技术开发部部长；1998 – 2000 年任公司肥料厂厂长；2000 – 2003 年任公司总经理助理；2003 年至今，任公司总经理。2012 年起担任广东达一农林生态科技股份有限公司总经理。

2013 年荣获“中国桉树发展突出贡献奖”；2014 年，黄民作为主要完成人，与广东省林业科学研究院共同承担的“广东油茶养分高效管理技术”项目获得广东省人民政府颁发的“2014 年度广东省科学技术奖”三等奖；2015 年，黄民作为主要完成人，与南京农业大学、广州甘蔗糖研究院合作承担的“生物有机肥”项目获得“2015 年中国轻工业联合会科技进步三等奖”。

广东达一农林生态科技股份有限公司一直专注于研发生产适合华南地区各类作物的专用肥料、微生物肥料、无机有机复合肥料和各类丰产林专用肥料。项目研发主要依靠公司力量和与华南地区相关高等院校和科研院所合作进行。先后与中山大学、广东省农业科学院、广州甘蔗糖研究院合作开发农用微生物有机复合肥料、微生物水产健康养殖专用肥料和各类经济作物专用肥料；与国家林业局桉树研究开发中心、中国林业科学研究院热带林业研究所合作开发了桉树丰产林专用肥料；与广州华南农业大学合作开发了油茶专用复合肥料等。

1995 年起，通过与金光集团 APP 公司的合作，广东达一农林生态科技股份有限公司在国内率先推出桉树速生丰产林专用肥，取得了良好的市场效果和经济效益。从此，公司开始逐渐走向林业专用肥料研发与生产的专业道路。顺应林业市场快速发展的需要，公司先后推出了林业专用肥系列产品：桉树专用肥、松树专用肥、油茶专用肥、绿化树专用肥、生态林专用肥、碳汇林专用肥、名贵树种专用肥等。

其中，桉树专用肥系列最为突出。目前拥有桉树专用基肥、桉树专用追肥、桉树萌芽专用肥等适用于桉树生长各个时期和不同地区林地特点的配方品种达 20 多个。26 年来，达一公司累计生产销售各类桉树专用肥料达 100 万 t，施肥面积约 67 万 hm^2（施肥量以一个经营周期 1500kg/ hm^2 计算），新增木材量 3000 万 m^3（以年增加木材产量 $12m^3/hm^2$，经营周期为 5 年计算），为广大桉树种植企业和个人投资者新增产值 150 亿元（木材价格以目前市场价 500 元 /m^3 计算）。达一公司累计实现销售超过 20 亿元，累计新增利润 1.5 亿元，累计上缴税收 0.5 亿元。

达一桉树肥品牌不断提升，产品销售范围不但涵盖华南地区种植桉树的各地（广东、广西、海南、福建、江西、湖南等），还出口到越南、老挝、柬埔寨等种植桉树的东南亚国家。多年来，广东达一农林生态科技股份有限公司一直为金光集团、嘉汉林业国际有限公司、广东鼎丰林业有限公司、广西理文林业科技发展有限公司、广西斯道拉恩索林业有限公司、惠州南油林业经济发展有限公司等各大林业公司和个体林业投资者提供优质产品和良好服务，并获得良好评价。

为了满足不断增长的市场发展需求，达一投资 8000 万元在广东博罗县石湾工业园内建立了一个占地 3.3 hm^2 的现代化肥料生产研发基地。新成立的广东达一农林生态科技有限公司于 2012 年 1 月顺利投产。新公司拥有两条国内技术领先的年生产力达 15 万 t 的林业专用肥料生产线厂房仓库、办公楼、职工宿舍建筑面积合计达 $30000m^3$。

26 年来，黄民一直带领达一团队，专心致力于各类作物专用肥料（特别是林业

2015年，黄民考察斯道拉恩索公司林业机械化作业现场

■ 2015年，黄民（左）陪同祁述雄考察云南桉树大径材种植

专用肥料）的研究开发、推广应用与生产经营。达一积累了丰富的林业肥料生产专有技术，打造了一支拥有化工、农林、生物、管理等专业技术的人才队伍，开拓了一个优良忠诚的市场客户体系，沉淀了一套卓越而富有鲜明个性的企业文化。2014年，“达一农林”成功在全国中小企业股份转让中心挂牌，广东达一农林生态科技股份有限公司从此向资本市场迈进了坚实的一步，为公司未来发展打下良好的基础。黄民作为达一团队的掌舵人，有信心有能力带领大家将达一打造成为华南地区生产技术领先、生产销售规模第一、品牌旗帜持久领先的林业肥料生产企业，使公司成为林业肥料生产经营的百年老店。

随着达一的不断发展壮大，黄民带领的达一团队将为我国桉树丰产林种植的可持续发展做出更大的贡献。

2014

刘杰锋

刘杰锋，生于 1954 年，任国家林业局桉树研究开发中心（南方国家级林木种苗示范基地）原主任，高级工程师，中国林学会桉树专业委员会副主任委员，《桉树科技》副主编，桉树产业技术创新战略联盟理事。

1970 年参加工作，1973－1979 年在部队服役，复员后到中国林业科学研究院工作；历任中国林业科学研究院团委书记、行政处处长和劳动服务公司总经理等职。2004 年 9 月至 2014 年 6 月任国家林业局桉树研究开发中心主任。

主持或参加的课题有：①“杨树常绿、抗天牛品种的引进及繁育”；②“948”项目“现代育苗基地调控技术引进”；③国家“十五”科技攻关“桉树人工林纸浆材培育技术”；④国家林业高新技术引进项目“桉树人工林可持续立地管理技术引进”；⑤国家林业局重点项目“桉树新品种区域性试验”；⑥中国、澳大利亚国际合作 ACIAR 项目“提高中国、越南和澳大利亚桉树人工林锯材价值：营林和育种技术”；⑦中国、澳大利亚国际合作项目 ACIAR 项目“提高中国、越南和澳大利亚桉树人工林锯材价值：木材锯解与干燥”；⑧广东省重大科技项目“绿化大苗培育新技术”等。

相关业绩如下。

（1）争取中国桉树重大科研项目，推动中国桉树的科技进步。推动了许多重大桉树项目落户国家林业局桉树研究开发中心（湛江），包括重大林业公益行业科研专项“桉树生态经营及产业升级关键技术研究（2011－2014 年）”，项目总经费 771 万元；重大基建项目“南方国家桉树种质资源库建设（2011－2014 年）”项目总经费 825 万元；“广东湛江桉树林生态系统国家定位观测研究站（2011－2012 年）”，项目经费 349 万元等；一系列重大项目的落户湛江，有力地推动了我国桉树的科技进步，促进了桉树人工林的快速发展，桉树人工林从 2004 年的 167 万 hm^2 到 2014 年的 440 万 hm^2，增加了 1.6 倍。

■ 2007年10月，刘杰锋在南非参观桉树试验林

（2）倡导创立桉树产业技术创新战略联盟。2006 年，联合了 14 家与桉树产业相关的研究机构、大型林业企业参加，倡导创立了“中国桉树育种联盟”，并组织开展了一系列卓有成效的工作；在此基础上，2010 年正式组建了“桉树产业技术创新战略联盟”，从产业链前端的育种扩展到全产业链，实现了跨越，同时赋予了桉树产业联盟新的定位、新的任务、新的使命。2013 年 10 月 30 日，科技部发布了 2013 年国家产业创新战略联盟和重点培育联盟名单，桉树产业技术创新战略联盟被列入重点培育名单，这为桉树产业联盟的发展带来了新的历史机遇。

（3）创新全国桉树研讨会。全国桉树研讨会每年召开一次，自 2005 年至今，会议的规模、组织工作、会议效果和凝聚力等都发生了根本的改变。会议规模由原来不足 150 人，发展到目前稳定在 400 人左右；会议经费来源由原来主要靠政府支持转变为市场办会、企业支持；会议论文由原来 30~40 篇增加到 50~60 篇等；会议组织工作不但受到与会代表的认同，同时也得到了国家林业局领导的高度赞扬，桉树会议已办成“特色鲜明、影响广泛的全国性会议，已成为桉树领域理论、观点的交流平台，科研、教学与生产的合作平台，技术产品的推广平台”。

（4）倡导创立“中国绿化基金会祁述雄桉树基金”。“祁述雄桉树基金”是在刘杰锋倡导下，由与祁述雄先生交往 20 多年、对其成就与人品深表敬重的两位资深林业工作者首先捐款 200 万元人民币发起成立的。旨在弘扬祁述雄先生 60 年来一直热爱、追求和奉献我国桉树事业的专业精神，表彰他为我国桉树事业发展所作的特殊贡献；进一步奖励在我国桉树研究理论上、技术上有重大创新、对桉树产业科技进步有重大贡献的个人，推动我国桉树事业不断向前发展。经国家林业局桉树研究开发中心原主任刘杰锋、祁述雄先生、捐赠者与中国绿化基金会相关负责人在北京多次协商，“中国绿化基金会”同意以中国林学会桉树专业委员会作为基金发起人，在“中国绿化基金会”下设立“祁述雄桉树基金”。按捐赠者意愿，该基金的经费由国家林业局桉树研究开发中心代为管理，负责经费的接收、奖励和资助，资金的保值和增值管理等。2011 年 9 月 15 日，“中国绿化基金会”主席王志宝（国家林业局原局长）在广州召开的“全国桉树论坛暨产业展示会”上宣布了“祁述雄桉树基金”正式启动。2012 年 11 月南宁的“全国桉树论坛暨中澳合作东门项目 30 周年成就展示会”上，首次实质性启动“祁述雄桉树基金”的奖励计划。首批获奖人员 6 人，均是对我国桉树发展做出过突出贡献的老一辈桉树专家；2013 年又奖励了 8 名对我国桉树发展做出过突出贡献的专家，激发了广大科技人员建功立业的热情，树立起了桉树科技人才发展的高尚风范。

（5）促进桉树科技推广工作。近年来，在南方国家级林木种苗示范基地经营管理方面发挥了积极作用，产销各类种苗（速生丰产林种苗、城市绿化大苗观赏花卉和观叶植物等品种）数亿株。大力推广可生物降解的网袋容器育苗技术，并在广东、海南、广西、福建的多家企业应用。南方种苗基地已初步建设成为集科学研究、技术培训、科普教育、生产经营和游览观光五大功能为一体的现代化林木种苗示范基地。

2012年，刘杰锋（左二）与中国林业科学研究院院长张守攻考察南方国家级林木种苗示范基地

张荣贵

2014

张荣贵，曾任云南省林业科学院林业研究所所长、研究员、桉树专业委员会委员、常务委员。

1973 年在进行林木良种调查、选育、引种的同时，开展了桉树引种试验、栽培技术研究等工作。从 1986 年开始，在云南昆明、保山、大理、楚雄、玉溪、红河、思茅、文山、曲靖等市（州）以及 4 个国营林场专门从事桉树试验研究，进行桉树引种、良种选育、育苗造林、丰产栽培、示范推广、适生区选育、商品林生产等工作。将云南的桉树种植从四旁绿化发展到大面积荒山造林。在中国林业科学研究院、国家林业局桉树研究开发中心、云南省林业科学院的支持下，先后 3 次与澳大利亚合作开展桉树试验研究。

30 多年来主要从事的桉树试验研究包括：①桉树引种试验，先后从国内外引种桉树 80 多种（云南共引种桉树 110 多种），经试验筛选出巨桉、尾叶桉、柠檬桉、直干蓝桉、史密斯桉、邓恩桉、双肋桉、亮果桉、多枝桉、巴吉桉、樟脑桉、细叶桉、巨尾桉、尾巨桉等 20 多种树种和杂交种；②蓝桉、直干蓝桉、史密斯桉、亮果桉、邓恩桉、双肋桉、赤桉等树种种源、家系试验；③蓝桉、直干蓝桉、史密斯桉、亮果桉、巨桉等树种优树选择；④蓝桉、直干蓝桉、史密斯桉、巨桉等树种萌芽更新试验；⑤不同气候带桉树引种、扩大栽培试验；⑥蓝桉、直干蓝桉、史密斯桉、邓恩桉、亮果桉、巨桉、尾叶桉等树种丰产栽培试验，总结出桉树丰产栽培适宜的立地条件、整地方法、株行距确定、造林时间、施肥量、抚育、环保、病虫害防治等措施；⑦建立蓝桉、直干蓝桉、史密斯桉、巨桉等树种母树林、实生种子园 20 多公顷；⑧蓝桉、直干蓝桉、史密斯桉、邓恩桉、巨桉等树种扦插、组培、嫁接无性繁殖试验；⑨进行蓝桉、直干蓝桉、史密斯桉、赤桉、双肋桉、亮果桉、巨桉等树种木材结构、木材解剖特征、木材理化性质等测试；⑩进行蓝桉、直干蓝桉、史密斯桉、亮

■ 2014年，张荣贵在全国桉树研讨会上作为“中国桉树发展突出贡献奖”获奖代表发言

果桉、双肋桉、多枝桉、巴吉桉、樟脑桉等树种桉叶出油率、桉油成分、桉油加工技术等测试；⑪开展了桉树种植点生态环境调查。2010 年、2012 年根据《云南日报》要求，在《云南日报》发表文章 2 篇，用事实证明桉树并非为引起气候干旱的树种，排除桉树林下不长草等无根据说法；⑫开展了桉树及其他树种抗寒性调查，根据 5 年的调查结果，建立各种桉树抗寒级，为不同地区适宜发展桉树种类提供依据；⑬通过营建桉树试验、示范林，推广、带动并促进了云南桉树的发展，至 2005 年云南省共发展桉树人工林 23 万多公顷。

张荣贵研究员共荣获国家以及省（部）级科技成果奖 7 项，其中：国家科技进步二等奖 1 项，林业部科技进步三等奖 2 项，云南省科技进步二等奖 1 项、三等奖 3 项；另外还获得云南省地、厅级科技成果奖 6 项。发表桉树研究相关论文 48 篇，并参加《中国主要树种造林技术》、《云南主要树种造林技术》、《中国桉树》、《云南主要香料植物》等著作的编写。

林睦就

2012

林睦就，生于1952年，湖南省武冈市人。1978年8月中南林学院林学系毕业；1979－1985年，在湖南省林业厅科教处工作；1986年至今，在湖南省林业科技推广总站工作，先后任副站长、总工程师、研究员。获国务院政府特殊津贴。

1980－1985年，林睦就参与组织并率领科考队伍完成了湖南银杉分布区和湘西八大公山、湘南千家洞、莽山等原始次生林区的科学考察，并编撰考察报告。国家依据考察成果将这些林区建成国家级自然保护区或国际生态定位观测站，其中湘西八大公山考察获林业部科技进步二等奖。他所著的《植物活化石——银杉》由湖南科学技术出版社出版。

林睦就在林业科技推广方面也卓有成就。他的文章“对科技兴林的思考”获林业部科学技术司、中国林学会、中国林业报社“科技兴林”征文二等奖(未设一等奖)；他参加的国家重点项目“ABT生根粉系列的推广”，获国家科技进步特等奖（排名第17）；他承担完成了国家重点推广项目8个，其中获湖南省科技进步二等奖1项、获林业部科技进步三等奖1项。

林睦就是湖南研究桉树的主要开拓者和牵头人。在20世纪80年代初，他提出耐寒桉树良种选育的课题，并选出第一批耐寒桉树良种，开启了桉树耐寒良种选育的先河。他的研究列入了国家科技攻关计划和省科研重点项目以及中澳政府间科技合作项目，并获得了重要的科学发现、理论创新和技术突破。他发现有些桉树能耐极端低温，但在夏季枯萎死亡，指出该地区要同时防备低温冻害和高温灼害；据此建立起了相应的良种培育技术体系，选育出既耐寒又抗灼害的良种，创立了独特的苗木繁育技术体系和丰产栽培模式；在湖南推广栽培5.9万hm^2，并大量引种于云南、贵州等周边省份及金光集团、泰格纸业集团等大型企业，将我国桉树栽培区向北推延800km，为国家桉树北扩战略奠基；有2项成果获湖南省科技进步二等奖、1项成果获三等奖。在省级以上学术刊物发表论文 60 余篇，出版著作两部。其中国家一级学会核心期刊 5 篇，收入国际与全国学术会议论文集出版 19 篇；获中国林学会、科技部成果司、林业部科学技术司论文奖 10 篇。

林睦就担任湖南省高级技术职称、科技进步奖和政府采购招投标评审委员，引进智力专家咨询委员、桂阳县人民政府科技顾问。

2014 年获“中国桉树发展突出贡献奖”。他的主要事迹如下。

（1）从历次引种而保留下来的桉树群体中选取优良个体。20 世纪 80 年代初，国家实施天然林资源保护工程，将商品材生产的重点转移到水热条件优越的南方，推动桉树“北扩”，即向湖南等中亚热带扩展。但该地区没有适宜的栽培种，为尽快获得良种，就在全省范围内开展地毯式的筛查，从 1926 年以来引种的经自然驯化而保留下来的植株中选出表型优良的个体，然后将其转化为无性系利用研究。对 10 年生以上不能伐倒取萌的植株进行老枝扦插生根攻关，经反复试验筛选，突破了大龄桉树枝条无性系转化技术，扦插成活率 90% 以上。经 10 年的努力，选出第一批耐寒良种，结束了该地区无适生良种的历史。

（2）从原产地引种，进行适应性试验。林睦就承担了国家科技攻关计划“桉树纸浆材新品种选育”、“桉树纸浆材优化栽培模式”专题和湖南省重点项目“耐寒桉优良无性系引进与选择技术研究”专题，展开全面系统的桉树良种培育研究。列入中澳“耐寒桉树在华南和澳大利亚较冷地区的种质资源选择和栽培模式研究（FST/96/126）”、“提高中国、越南和澳大利亚桉树人工林锯材价值：营林和育种技术（FST/1999/095）”项目后，从澳大利亚分两批引进 18 种桉树及其 48 个种源开展引种试验。历时 13 年，于 2011 年通过成果鉴定。

该研究选育出邓恩桉、边沁桉、多里桉 3 个一类优良树种及其 10 个优良种源。它们历 -6.8℃ 无冻害，7.5 年生，年平均蓄积量 48.5m³/hm²，其中邓恩桉最优，在多种栽培条件下高产稳产。选育出广叶桉、柳桉、迪恩桉 3 个二类优良树种，它们速生、材质好，历 -3.6℃ 无冻害，可选择在局部地区栽培。

发现昆士兰桉、灰桉、长喙灰桉、硕桉、小果灰桉、斑叶桉、半脱皮桉、安氏桉、高桉、扫把桉不耐寒，-3℃ 低温就造成寒害；史密斯桉、蓝桉、溪谷桉、多枝桉、亮果桉能耐 -6.8℃ 极端低温，但不适夏季的高温高湿天气而灼害死亡。它们都不适宜湖南等中亚热带地区栽培。不耐寒的种类来自气候炎热的低纬度地区，不抗日灼的种类来自冬寒夏凉的高纬度地区。

邓恩桉、边沁桉、多里桉为桉属曼登桉组树种，既耐寒又抗高温日灼，适宜湖南等中亚热带地区栽培。它们天然分布于东经 152° 08′ ~152° 39′、南纬 28° 40′ ~30° 05′ 夏雨型区，冬寒夏热，气候与湖南等中亚热带相似。柳桉、迪恩桉为横脉组树种，广叶桉为突出组树种。

发现对史密斯桉等造成危害的，并不是冬季的冰冻而是夏季的日灼，这说明该

■ 林睦就（右二）与中外专家在湖南的桉树试验林开展研究工作

地区制约桉树生长的不仅是冻害，还有高温灼害，这一科学发现找到了以往引种失败的根源，也为该地区桉树良种培育提供了理论依据，提出“该地区发展桉树不仅要注意寒害，更要注意高温灼害，要以耐寒与抗灼害性状为核心评价指标，培育高抗逆性良种”的论点。在策略上要遵循气候相似论原理，引种种源地应控制在气候相似的新南威尔士州东经 150°~152° 39′、南纬 28°~34° 区域；种类选择应相对集中于桉属曼登桉组树种；也可从横脉组、突出组树种中选择优良基因体与之进行杂交育种，培育既耐寒又抗灼害的良种。

该研究建立起了适应气候特点的苗木培育技术体系和丰产栽培模式。邓恩桉播种苗出圃率达 96.0%；实生苗以苗繁苗，扦插成苗率达 83.0%，扩繁系数达 1:18。

（3）从邓恩桉天然分布区引进优良种源及其家系开展选择研究。将邓恩桉全天然分布区划分 18 个种源区，收集 18 个种源及其 99 个表型优良的家系进行种源、家系选择试验。

该研究选出优良种源 12 个，优良家系 47 个，从中选出优良单株 250 株。其中 68 株 3 年生时开始开花结实。

邓恩桉引种在世界各地均未能生产种子，而在湖南省的试验中不仅在家系试验林中培育出结实植株，还在丰产林中选出优良结实母树 500 株，并已嫁接和扦插成功，为桉树制种和遗传改良打下了基础。

（4）高抗逆性速生桉树优树选择。在明确了该地区优良树种、种源、家系的基础上，开展第二轮系统全面的既耐寒又抗高温日灼的高抗逆性优良个体选择。

选育优树 301 株，分属 12 个树种，其中有 16 个杂交组合、2 个突变体。其中 148 株已转化为无性系利用。

（5）桉树良种及丰产栽培技术推广。研究成果列入林业部（局）计划的有：“抗寒桉树丰产栽培和赤桉耐寒良种推广（〔97〕5 号）”、“桉树良种与丰产栽培技术（〔2000〕6 号）”、“邓恩桉优良种源及赤桉优良无性系推广（〔2001〕7-1 号）”、

林睦就（右一）在巴西圣保罗大学林学院的桉树试验林考察

“中亚热带地区耐寒桉树良种及快速繁育与丰产栽培技术示范（〔2004〕8-1号）”4项。

列入国家外国专家局计划的有18项。其中培训计划5项，派出5批科研人员到澳大利亚、巴西进行中短期培训；引智计划5项，邀请澳大利亚、美国、巴西桉树界顶尖科学家开展科研合作；推广示范林基地建设计划8项，被确定为国家“引进国外智力成果示范推广基地”，授予“引智之光”荣誉称号；中澳合作项目的澳方首席专家获湖南省“国际科学技术合作奖”与“潇湘友谊奖”。

在湖南已有桉树组培室400m²、育苗大棚21100m²，建立起育苗基地网络和苗木保障机制；建立起了“较冷地区”桉树丰产栽培模式，湖南省成为世界上邓恩桉栽培面积最大（5.9万hm²）的地区，大幅度扩大了我国桉树栽培区域。国家林业局组织验收，6年生邓恩桉，较好的林分年平均46.5m³/hm²，一般的年平均39.0 m³/hm²，远高于当地其他栽培树种。

2014

莫晓勇

莫晓勇，1982 年毕业于北京林学院（现北京林业大学）林业专业，获农学学士学位，2002 年毕业于中南林业科技大学，获农学博士学位。曾任中国国营林场开发总公司雷州林业局副局长兼总工程师，2004 年享受政府特殊津贴；现为华南农业大学林学与风景园林学院教授、硕士生导师，林业调查与规划设计院副院长；兼任中国林学会桉树专业委员会副主任委员、桉树产业技术创新战略联盟技术顾问、《桉树科技》编委、中国系统工程学会林业系统工程专业委员会委员、中国林学会永久性高级会员、广东省农村科技特派员。

重点研究的学术领域：桉树人工林引种、育种研究；桉树无性系选育技术研究；桉树人工林栽培技术体系研究；桉树人工林系统经营管理技术研究。

一、主要事迹

（1）引种及育种工作主要成果。作为“九五”国家科技攻关专题“桉树纸浆用材树种良种选育及培育技术研究”项目主要成员参与从澳大利亚、印度尼西亚、巴布亚新几内亚等国家引进了韦塔桉、尾叶桉、巨桉、粗皮桉、赤桉、细叶桉 6 个优良桉树种 107 个种源 1301 个家系到雷州半岛种植，并对 80 个组合进行人工杂交，建立 F_1 代子代测定林。在华南农业大学宁西科研教学基地，营建观赏桉引种试验林 1hm²，引进澳大利亚观赏桉 11 个树种。

（2）无性系选育工作主要成果。经过优树选择，已对 400 多个无性系进行了测定，经个人主持培育出 M1、LH1、LH3、SH1 等一批优良桉树无性系，并在我国华南地区得到大面积推广应用；与广西林业科学研究院合作，在室内对 35 个无性系接种青枯病菌并进行抗病性试验，选育具有较高垂直抗病性的无性系有 8 个，并用于生产，有效控制了桉树青枯病的蔓延。已获授权新品种“华桉 1 号”（品种权号：20120052）、“华桉 2 号”（品种权号：20120053）。

（3）基因库营建。

① 2007 年 10 月负责完成营建华南农业大学宁西科研教学基地桉树种质资源 1 号基因库 5.9hm²，共收集桉树无性系 165 个；

② 2008 年 8 月从澳大利亚引进桉树种质基因，负责完成营建华南农业大学宁西科研教学基地桉树种质资源 2 号基因库 3.9hm²，共收集尾叶桉 74 个种源 / 家系；

③ 在华南农业大学林学院组培快繁中心保存 15 个桉树优良无性系基因材料。

二、主要学术成果

（1）主持国家科技部、国家林业局、广东省自然科学基金、广东省重点科技计划、广东省林业科技创新、广东省高等学校人才引进专项资金等桉树纵向课题 8 项；

（2）主持的科技成果“华桉 1 号等桉树高抗性优良无性系选育与高效栽培技术研究”（登记号：粤科成登字 20130440），已被国家林业局认定为 100 项重点推广林业科技成果，研究水平已达到国际先进水平；

（3）国家发明专利 2 项：一种从林木基因组中高通量开发 SSR 标记的方法（CN102226178B，排名第二）、一种诗琳通含笑离体培养再生植株方法（证书号：第 1841904 号，排名第三）；

（4）主编《桉树人工林培育的理论与方法》、参编《中国桉树》（第 2 版）等著作 10 部；

（5）发表论文 70 余篇，其中 SCI 论文 3 篇。

2009年9月，在华南农业大学增城科研教学基地1号桉树基因库，莫晓勇（右三）与专家进行桉树病虫害调查

2011年4月，在华南农业大学增城科研教学基地2号桉树基因库，莫晓勇（右一）与研究生进行桉树野外调查工作

三、荣誉与奖励

（1）1985 年获“全国边陲优秀儿女”铜质奖章；

（2）1997 年被评为“湛江市青年科技标兵”；

（3）2002 年获中国林学会第五届“劲松奖”；

（4）“高抗性桉树优良无性系选育与生态栽培技术”获 2015 年度广东省科学技术三等奖（排名第一，项目编号：B01-2-3-01-R01）；

（5）“利用混农模式维持桉树人工林长期生产力技术研究”获 2010 年度海南省科技进步三等奖，排名第三；

（6）“桉树优良无性系选育与推广应用研究”获 2005 年首届梁希林业科学技术奖三等奖，排名第一；

（7）“桉树纸浆用材林树种良种选育及培育技术（农 -2002）”获 2003 年度广东省科学技术二等奖，（成果专题编号：96-011-01-03），排名第九；

（8）“红壤磷肥防固定研究”获 2004 年度广东省科学技术三等奖，排名第六。

莫晓勇自 20 世纪 80 年代被分配至青海省农林厅（现青海省林业厅）工作，10 年间对青海省的林业科学研究和技术推广做出了贡献；1990 年代调到国营雷州林业局林业科学研究所工作，从事桉树研究与林业技术推广工作，在桉树无性系繁殖、种质资源收集保存、种源家系试验、人工杂交育种、无性系测定等方面做出了突出成绩，先后选育出 M1、华桉 1 号、华桉 2 号等优良无性系，并得到大面积推广应用，为中国桉树产业发展做出了贡献，《中国绿色时报》曾以标题为“昔日杨家将，今日桉树王”的文章介绍了莫晓勇的先进事迹；2008 年调至华南农业大学任教，在校期间共培养硕士研究生 16 名，博士研究生 1 名，教授 360 余名本科生课程并指导 15 名本科生完成毕业论文。

自西北转战东南，跨越半个中国，为桉树发展抛洒热血激情；由高工转型教授，桃李满布南粤，向祖国林业播撒栋梁英才。

2014

陈少雄

陈少雄，生于 1965 年，博士学历，研究员，国家林业局桉树研究开发中心副主任、中国林学会桉树专业委员会秘书长。

1989 年 6 月从中南林学院硕士毕业后，一直在国家林业局桉树研究开发中心从事桉树科研工作。主要研究领域有桉树人工林造林技术、林地土壤、人工林生产力以及经济效益评估等方面。承担过的课题主要有：①国家（攻关）支撑课题 6 项，“八五”国家攻关“桉树纸浆材优化栽培模式的研究”，“九五”国家攻关“桉树纸浆用材树种良种选育及栽培技术研究”和“纸浆材林微生物应用及施肥技术研究”，国家“十五”攻关课题“桉树良种选育及高产栽培技术”，国家“十一五”支撑“桉树和相思速生丰产林培育关键技术研究与示范”，国家重点研发计划项目“桉树高效培育技术研究”；②“948”项目 6 项，包括“南非耐寒桉树新品种和材性、耐寒性测定技术引进”、“桉树珍贵用材树种引进”、“桉树大径材培育技术创新与示范”、“桉树矮化快速育种技术引进”、“优良能源树种丛生桉选育技术引进”和“巴西桉树杂种及标准化施肥技术引进”；③科技部成果转化和推广项目 4 个：“桉树纸浆材成果转化”、“桉树大径材成果转化”、“速生尾巨桉大径材培育技术推广”和“桉树修枝技术示范”；④林业公益行业重大项目 1 项：“桉树生态经营及产业升级关键技术研究”；⑤国际合作项目 4 个，包括：‘Eucalypts and Water’、‘Development of germplsm and production systems for cold tolerant Eucalypts for use in cool regions of southern China and Australia’、‘Improving the value chain for plantation-grown eucalypt sawn wood in China, Vietnam and Australia: Genetics and silviculture’ 和 ‘Improving the value chain for plantation-grown eucalypt sawn wood in China, Vietnam and Australia: Sawing and Drying’。8 次参加重要国际会议：‘International Symposium on Sustainable Management of Tropical Forests’、‘International Symposium: *Eucalyptus* Plantation”、“International

陈少雄(右)检视巴西引进桉树播种苗情况

陈少雄（左）接受记者采访，谈桉树的贡献和生态作用

Conference on Eucalypt Productivity'、'Eucalypts in Asia'、'IUFRO Eucalypts and Diversity: Balancing Productivity and Sustainability'、XXIII IUFRO World Congress: 'Forests for the Future: Sustaining Society and the Environment'、'IUFRO:Joining Silvicultural and Genetic Strategies to Minimize Eucalyptus Environmental Stress: from Research to Practice'、'2012 IUFRO All-Division 5 Conference'、'International Conference on Sustainable Forest Management Adapting to Climate Change'。

1999 年 11 月首次当选为中国林学会桉树专业委员会副秘书长；2005 年当选为秘书长；2010 年再次当选为秘书长。自 1999 年以来，分别在福建漳州、广东湛江、广西南宁、浙江杭州、湖南张家界、云南昆明、广东肇庆、重庆、湖南长沙、广东广州、四川成都等地组织开展了大型学术交流会 17 次，合计 4124 人次参加会议；组织收集到学术论文 637 篇。桉树会议已办成特色鲜明、影响广泛的全国性会议，成为桉树领域理论、观点的交流平台；科研、教学与生产的合作平台；新技术、产品的推广平台。分别于 2006 年、2010 年和 2012 年组织出版《世纪初的桉树研究》、《柳暗花明——面对金融危机的桉树研发》和《风雨兼程 40 年——中国林学会桉树专业委员会活动纪实（1973－2012)》等会议专著 3 部共 184.5 万字。

已培养研究生 11 名；编写广东省地方标准 2 项《桉树商品林建设管理规范》、《桉树大径材培育技术规程》；获得专利 3 项："多功能鸭嘴式入土器（ZL 2013 2 0340555.1)"、"气动肥料成型机（ZL 2014 2 0206070.8)"和"肥料成型机（ZL 2014 2 0205989.5)"；发表论文 100 余篇，其中 SCI 论文 3 篇、EI 论文 1 篇；代表性论文有"广西丘陵台地巨尾桉、尾叶桉（实生）地位指数表的编制"、"桉树幼林不同株行距配置抗台风效果"、"尾叶桉施肥效果研究"、"桉树在不同地区的整地方式研究"、"尾叶桉造林密度与蓄积量、抗风和材性关系研究"、"不同栽培措施对尾巨桉生长的影响及经济效益分析"、"尾巨桉纸浆材人工林轮伐期研究"、"不同初植密度的桉树人工林经济效益分析”、‘Selection of species for solid wood production in southern China’、‘Tree and stand growth for clonal *E. urophylla* × *E. grandis* across a range of initial stockings in southern China’、“块状控释肥养分释放特性及缓释效果研究”、‘Growth response and wound occlusion in pruned *Corymbia torelliana*’和“中国桉树经营的技术问题与思考”等。“桉树纸浆材优化栽培模式”1999年获国家林业局科技进步三等奖，“桉树纸浆用材树种良种选育及栽培技术”成果2003年获广东省科技进步二等奖，“桉树纸浆用材树种良种选育及栽培技术”2003年获广东省科学技术奖二等奖；“珍贵桉树用材树种引进”2007年获广东省农业技术推广三等奖；“桉树中大径材培育集成技术”2011年获广东省农业技术推广二等奖；“耐寒桉树种质资源改良及培育技术”2011年获梁希林业科学技术二等奖，2012年获中国林业科学研究院科技奖二等奖；“华南主要速生阔叶树种良种选育及高效培育技术”2013年获梁希林业科学技术奖二等奖；2003年获“湛江市劳动模范”称号、2014年获“中国林学会先进学会工作者”称号。

徐建民

2014

徐建民，研究员，任中国林业科学研究院热带林业研究所林木良种选育首席专家、博士研究生导师，2011 年 11 月起被聘为广西壮族自治区“桉树优质资源与产业技术创新”特聘专家。

怀着一颗报效祖国的赤子之心，1986 年 7 月大学毕业后，徐建民从研究实习员做起，一步一个脚印、踏踏实实做事，在桉树引种、改良和杂交新品种选育上一干就是 28 年，逐渐成长为国家级林业科技项目负责人。

徐建民工作后参加的第一个项目是中澳国际合作项目“澳大利亚阔叶树种引种栽培试验研究”，课题组的任务是开展桉属树种的引种研究。桉树是个外来树种，刚工作的青年科技人员对桉树知之甚少，但他善于学习和钻研，经过查阅大量资料，知道桉属是桃金娘科中的一个大属，有 945 个种（亚种），全球有 90 多个国家或地区引种桉树，巴西是桉树引种改良做得最好的国家，人工林产量高达 $40m^3/(hm^2 \cdot a)$，约是我国 1985 年桉树人工林产量 $7m^3/(hm^2 \cdot a)$ 的 6 倍，差距很大，桉树改良育种任重而道远。从那时起，他就决心要用自己所学专业知识选育出适宜我国的高产新品种，报效祖国多年的培养之恩。

20 世纪 80 年代，科研院所的科研条件和科研经费远没有现在这样宽余，虽说参加的课题是国际合作项目，但澳方援助经费主要用于种质资源的引进和中方人员的短期培训，课题组申请到的配套经费仅有 3000 元 / 年，人均不到 800 元。项目初期的试验点建在海南岛乐东县的尖峰岭和临高县马袅林场，为了选育良种，他经常要到海南出差。那时交通非常不方便，不像现在可乘飞机、坐高铁、开车去试验点。当时一张广州至海口的机票只需要 49 元，但却不舍得坐，要把有限的经费用在刀刃上。经常从广州到海口出差，要么乘船，要么坐长途班车，从单位到尖峰岭试验点经常要花至少 3 天时间，如果运气不好，遇上台风来袭，九江和琼州海峡停止摆渡，就得在长途班车上多呆 2 天 2 夜了。

在尖峰岭营建树种 / 种源试验林时，从住宿的试验站到黄流岭头试验地有十多千米的泥沙路，每天骑着自行车往返于试验站和岭头之间，早出晚归，不是一身尘就是一身泥，为了节约时间，经常地随身带上 1 包榨菜、3 个馒头和 1 壶水就是一顿丰盛的午餐。从播种到移苗上袋，每个环节都认真细致地操作，仔细检查播种盘和育苗袋上的标签编号必须与进口种批号一致，绘制苗木摆放实地图，亲自为造林整地拉线定点和施基肥，并绘制试验区图做好规划设计，每个环节从不马虎。

1993 年项目结束时，项目从澳大利亚、印度尼西亚、巴西和南非等国引进桉属树种共 74 个、种源 388 个和家系 1301 个，建立了 47 个树种 / 种源和种源 / 家系试验林，面积达 159.3hm²，试验点覆盖了海南、广东、广西、福建、云南、江西和浙江等地，获得了我国南方桉树系统引种栽培区划图，筛选出了适宜各栽培区的优良树种 14 个、最优种源 49 个和最优家系 89 个，其中尾叶桉最优种源年均生长量达 25.64 m³/hm²，是对照窿缘桉产量的 4.7 倍。这些种质资源，为后续的改良育种工作打下了丰富而又坚实的基础。

1991－2001 年，徐建民参加了国际热带木材组织“中国海南岛热带森林分类经营永续利用示范项目”，参与主持世行贷款国家造林项目、中国森林资源保护及发展项目——“桉树速丰林良种选育与推广课题”、负责“琼斯计划”桉树种子园营建及良种生产任务。项目启动时，世行造林规模大，但国内优良种源母树林供种数量少，无法满足工程造林用种，只能依靠商业进口种子。随后 2 年的造林质量检查验收中发现商业进口种子质量无法保证，上山造林后苗木生长良莠不齐，播种育苗后苗木质量不一致，造成大量残次苗堆积在各地的苗圃里。面对这样的局面，国家项目办、省级项目办、种苗站和实施造林的林场各级领导十分着急，连续多次召开部、省和市县级琼斯种苗计划工作会议。为了保障世行国家桉树工程造林用种和把好苗木质量关，他奔波在海南岛儋州林场、广东博罗、阳西和新会，以及广西东门林场、钦州林业科学研究所和来宾林场等良种基地，在儋州林场和阳西基地对早期优良种源示范林和种源 / 家系试验林实施留优去劣疏伐。白天一手拿着试验图一手提着油漆桶，在林中一株株地做标记、做记录，傍晚还要赶回林场苗圃去观察和记录正在进行的桉树扦插试验，其间常驻林场，在工人家两人合睡一张床，在地头就和农民工兄弟们同吃一锅饭。在新会营建尾叶桉二代种子园、无性系种子园和核心育种群体时，他多次往返海南、广西和福建试验点收集优树种子和穗条，为了管好这些珍贵的家系苗、嫁接苗和扦插苗，他骑着摩托车风雨无阻天天从住地到苗圃再到试验地，骑车摔跤是经常的事，其间他住宿最多的是大泽村公所和双水将军山的寺庙里，远离繁华都市，夜深人静时只有禅院钟声相伴。世行项目一期竣工时，他带领课题成员完成了东门林场、儋州林场、阳西和新会的尾叶桉改良代实生种子园、无性系种子园和二代实生种子园的营建，面积达 150.4hm²。从 1997 年起世行项目停止使用进口种子，全部工程造林实现了良种自供，到项目二期竣工时累计生产良种 3000kg，可供造林 3 万 hm^2，仅此一项为国家节约用汇 150 万美元。一代尾叶桉种子园获得了 11.22% 遗传增益，二代种子园在一代的基础上又提高 6.5% 遗传增益，使用改良代、二代种子园种子造林年均材积生长量达到 $28.5m^3/hm^2$，比进口优良种源种子年增产 $3m^3/hm^2$。到课题结题，他提出了华南地区桉树可持续遗传改良与育种策略，解决了种子园建园材料的筛选和促进种子园丰产稳产 4 项关键技术。其间，为世行项目国家桉树工程造林编写了 3 个技术规程——《桉树丰产林技术规程》、《桉树播种育苗技术规程》和《桉树嫩枝扦插育苗技术规程》，起到了科技服务国家工程造林的科技支撑作用。世行桉树课题 10 年的实施，加之卓有成效的桉树丰产林工程造林的示范作用，使唤桉树人工林在华南和西南地区呈现出爆发式增长，吸引了外资企业、国内林板企业和广大林农积极投资桉树丰产林，最终形成了蓬勃发展的我国南方桉树产业新局面。

培育高产优质、高抗逆杂交桉新品种一直是他的理想，不断创新的使命感催促着他要早日实现自己的理想——使南方桉树人工林年均单产突破 $30\sim35m^3/hm^2$。早在 1987 年，他就被单位派到广西东门林场，参与了东门国际合作项目的早期杂交制种及杂种测定工作。回单位后便开始了杂交制种之路，7~10 月是杂交制种最繁忙的季节，早上 7：00~10：00 是授粉的最佳时间，去雄、套袋、授粉和解袋是杂交制种主要环节，每个环节都不能马虎，就如同医生做手术一样需要极大的耐心。杂交制种是在 10~15m 高空作业，做完一个袋的花枝要上下攀爬 3~4 次，做完一株母树得要上下几十次，要获得一个组合 1g 种子至少要做 25 个袋才有保障，工作量大且高空作业存在危险。他带领的课题组在广东的广州、新会、饶平，云南的楚雄和四川的成都 5 个基地，开展了跨越不同生态区的杂交桉新品种创制。

2008 年春，我国南方发生了一场百年不遇的罕见雨雪冰冻灾害，一时间全国上下都在关注灾情的发展。出于职业责任感和专业敏感，在雨雪灾害尚未结束时，他

■ 2012年，国家林业局科学技术司领导及专家查定徐建民（右一）负责的桉树成果推广项目

■ 2013年，徐建民观察桉树杂交制种授粉效果

毅然背上相机、拿着 GPS 定位仪，带上学生登上了北去的车。冒着刺骨的寒风、沿着弯弯曲曲结着薄冰的林区公路，他们艰难地翻越了南岭到达了赣南、湘南、闽西北和桂北重灾林区。站在冰雪覆盖满目疮痍的林地上，看着拦腰折断的树干、爆裂的树皮、倾斜翻兜的树木，整个林地落满了残枝碎叶，仿佛自己走进的不是林地，而是刚刚结束一场惨烈战斗的战场，不由让人从心底产生出对自然的敬畏。灾情对于育种工作者来讲是机遇，也是挑战，任何一个实验室绝做不到这样的低温条件，灾区就是科技人员最好的实验室。同时，面对忧心忡忡损失惨重的林农和林场，他做的第一件事就是抓紧调查，勾绘出灾情的地理范围、寒潮南下路径与分布格局，在第一时间写出《桉树灾后恢复生产技术要点与措施》发给灾区各地林业局，该文随后被《中国绿色时报》编辑发现而全文录用，发表在 2008 年 3 月 7 日第三版。这次调查历时 64 天，获得了第一手桉树寒害调查资料和耐寒种质材料，为后续发表《南方桉树人工林雨雪冰冻灾害调查分析》和耐寒杂交桉培育奠定了坚实基础。“十一五”结束时，课题累计完成种内、种间杂交育种 1944 个组合，其中获得尾邓桉、尾边桉、巨邓桉、巨边桉、邓尾桉、邓巨桉等 8 个耐寒新品种，建立了 150 多个杂种家系 / 无性系试验林，选出了年均生长量 30~45 m^3/hm^2 的优良杂种家系 / 无性系 19 个，遗传增益提高 10%~15%。

28 年来，他先后参加、主持了十多项国家、省部级科研课题，主编专著 5 部，合作出版编著 3 部，发表科技论文 50 多篇，其中 SCI 论文 4 篇、EI 论文 1 篇。获国家专利 1 项、省级林木良种 4 个、国家授权植物新品种 3 个；1996 年“华南热带地区桉属树种引种栽培研究”成果（主要完成人）获国家科技进步二等奖；1999 年“桉树萌枝扦插育苗技术”（第二完成人）获海南省科技进步三等奖；2003 年“桉树纸浆材树种良种选育及栽培技术研究”（主要完成人）获广东省科学技术进步二等奖；2013 年“华南主要速生阔叶树种良种选育及高效培育技术”（主要完成人）获梁希林业科技奖二等奖；2010 年荣获“全国生态建设突出贡献奖——林木种苗先进工作者”。

庞全

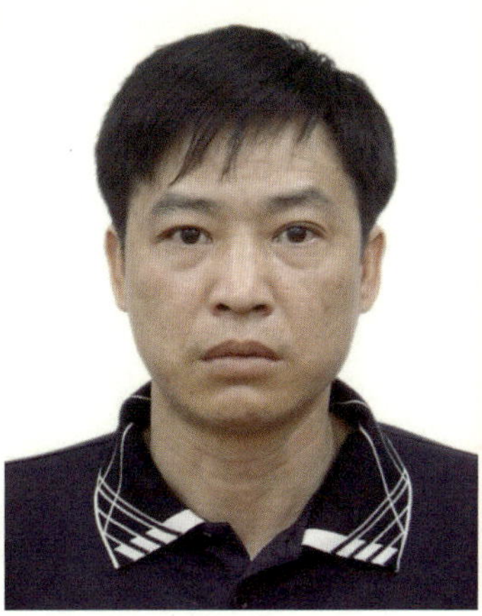

2014

庞全，生于 1966 年，广西博白县人，毕业于南京林业大学。现居住于广西南宁市，供职于南宁市青恒林业技术有限公司，自 1993 年起接触桉树事业。

1993 年，在南宁市郊区林业局属下的南宁木片厂供职时从事桉树木片加工及出口业务。

1995－1998 年，在南宁市郊区林业局供职并参与嘉汉项目的桉树种植和桉树木片出口。

1999－2001 年，带领广西北海华汉木业有限公司开展桉树育苗、种植和桉树木片出口事宜。

2002－2004 年，成立了南宁市青恒林业技术有限公司，专注于桉树无性系扦插苗的培育，最先尝试了桉树插条长途运输后再扦插并试验成功，显著降低了育苗成本和苗木运输成本。陆续为金光集团、嘉汉林业国际有限公司、广东鼎丰林业公司等国内外林业公司及单位大规模培育桉树扦插苗。

2004 年起，专注于桉树组培苗的工厂化育苗，降低桉树组培苗的育苗成本，尝试直接用组培苗上山造林。为适应公司苗木培育业务的发展，在他的带领下，公司于 2004 年在南宁市郊总部建设了组培厂，2005 年，在广州承租了广东省林木种苗示范基地的组培厂，两个组培厂均具备月产 200 万株以上组培苗的能力。2006 年，应江西高峰生态农林开发有限公司的邀请，在江西省全南县承包了该公司的组培厂，月产量达 150 万株以上。为适应市场需求，南宁组培厂于 2008 年扩建成拥有 80 台操作台、月产 600 万株的组培厂，同时在四川省乐山市承包了林业局一个年产 600 万株的组培厂。于 2009 年 12 月租用昆明市呈贡县七步场物探队部分场地修建了一个配备 18 台操作台组培厂，月产量可达 200 万株。2008 年，公司与缅甸长城集团公司进行合作，在缅甸曼德勒协助长城公司建立了桉树组培厂并提供技术支持，2009

■ 庞全（中）察看桉树基地

■ 庞全（左）察看桉树丰产林

年已投产。同时，为长城公司引进了适宜当地干旱气候和贫瘠土壤的桉树无性系金光 21、JY66、M1 等。

公司一直很注重桉树无性系的收集和研究。南宁组培厂储备有邓恩桉、巨桉、尾叶桉、赤桉、尤曼桉、大花序桉、尾巨桉、尾细桉、巨细桉、尾赤桉 10 个树种 45 个无性系的桉树基因，既有适合广东、广西和海南等靠近热带地区的速生和抗风无性系，如广林 9、DH32-29、DH33-27、201-2、金光 21、JY66 等；又有适合福建、江西、湖南、四川等地区的速生且耐寒的无性系，如选优的邓恩桉和巨桉无性系；还有可作为提炼药物的桉树无性系尤曼桉。同时，公司还积极着手进行技术储备，开展桉树无性系的选择和组培技术的研究。特别是巨桉无性系的开发和生产，公司是全国最早进行巨桉组培苗规模化生产的公司之一，并推广到福建、四川、江西、湖南等比较寒冷的地区，为扩大桉树的种植区域做出了贡献。

除了组培厂，公司在南宁总部拥有一个占地 4.3hm² 的苗圃，年产桉树组培袋苗可达 300 万株以上，先后在广东省河源市、江西省全南县和安远县、重庆市、福建省漳州市和永安市、云南省思茅市建立年产 300 万株以上桉树扦插苗或组培苗的苗圃。

自 2002 年至今，公司已培育桉树扦插苗 2 亿株，可供造林 11.13 万 hm²；组培苗约 3 亿株，可供造林 16.7 万 hm²，是全国最大的桉树苗木供应商之一。2009 年起出口桉树组培苗至缅甸和老挝，为桉树的大规模造林做出了巨大的贡献。

董汉民

董汉民，1960年生于河北，1977年考入华中农业大学，4年后以优异成绩获得学校推荐，前往加拿大不列颠哥伦比亚大学攻读硕士学位。1986年考入美国德州农工大学继续深造，专修森林数量遗传学，1990年获得博士学位。毕业后进入美国国际纸业公司，历任森林生产力研究所林木育种研究项目负责人、国际纸业公司美森耐建材部项目经理、上海国际纸业贸易有限公司总经理和国际纸业亚洲公司上海首席代表等职。2001年任美国艺王公司国际销售总监。2004年被重聘回美国国际纸业公司，在总部担任国际林业亚太区经理。2009年加入美国瑞美森（RMS）公司，担任中国投资总监。2010年通过股权转让帮助瑞美森公司成功接手广西理文林业科技发展有限公司，并担任公司法定代表人和总裁。2015年接任金光集团APP中国林务事业部首席执行官。同年，在国际林联桉树学术研讨会上受到表彰，荣获“中国桉树发展突出贡献奖”。

主要业绩如下：

（1）孜孜不倦的业界学者。董汉民自幼聪颖好学，热爱自然，自进入华中农业大学林学院林学专业学习之时起，便与林业结下了不解之缘。1996年，在董汉民推荐与主持下，美国国际纸业公司与浙江省和福建省林业厅开展了密切合作，成功将火炬松自然分布区的28个优良家系引种到两个省的15个国有林场进行种源试验，建成国内第一个火炬松系统引种研究基地，为两省大规模引种火炬松种源提供了坚定的理论和坚实的实践基础，同时此研究为南京林业大学提供了培养新一代育种学家的科研基地。2006年，董汉民代表美国国际纸业公司联手国家林业局和中国林业科学研究院，编译了美国可持续林业倡议（SFI® 森林认证标准）和美国佐治亚州最佳经营指南，在国内率先介绍和推广可持续林业的概念、内涵和人工林营林上切实可行的作业规范，推动了以可持续理念为基础的森林认证市场化的进程。

（2）有社会责任和公益心的务林人。董汉民以他精湛的专业知识和对中美两国林业的深刻认识与理解，致力于在国内传播林业管理的先进理念和宝贵经验，推广切合中国林业实践的社会管理模式，帮助中国企业和科研单位提升经营管理和科技水平，在中美两国林业界都留下了自己的足迹。2005 年，董汉民倡议由国家林业局桉树研究开发中心牵头，成立中国桉树育种联盟，以共同需求和利益为纽带，把科研机构与生产经营单位紧密结合起来，形成集科学研究、示范推广、成果转化、品种培育为一体的新型科技合作平台。中国桉树育种联盟，作为我国林业界第一个企研结合的成功模板，经过理念扩展后由科技部认定为“桉树产业技术创新战略联盟”的预备成员，董汉民多年前的创意结出了丰硕的果实。自 2013 年起，董汉民带领业界同仁筹备和创建了“广西人工林种植行业协会”，并被协会授予创会会长的名誉。协会以“诚信、透明、诉求、服务”为核心价值观，明确会员的社会责任、环保责任，自我约束、自我服务、自我保护，维护人工林种植者的合法权益，架起了一座沟通人工林种植者、政策制定者和社会公众之间的桥梁。董汉民通过大量的调查研究和科学分析，代表行业向社会呼吁，指出人工林发展中的政策和社会阻力，为政策制定者提供第一手政策导向的基础资料。2014 年携手《南方农村报》报社在广州召开“《森林法》民间修改意见座谈会”，基于座谈会的成果，全国人大代表在 2015 年的两会上递交《关于全面取消商品林育林基金征收的建议》。同年，在《南方农村报》报社举办“第五届商品林政策与财富论坛”，组织业界专家研讨制约商品林发展的政策和社会因素，主动为人工林发展政策导向出谋献策，指出影响我国林业发展的阻力并提出解决方案。同年，在国际林联桉树学术研讨会上作“林业政策对中国人工林发展的影响”的主题报告。并且在中国林学会举办的“2015 现代林业高层论坛”上，作“加快税费改革步伐，促进我国南方速生丰产林建设可持续发展”的主旨报告，并被《中国林学会林业专家建议》内参刊发，以书面形式提交国家林业局和中国科协等领导，作为决策参考依据。经过几年的不懈努力，国务院常务会议决定，自 2016 年 2 月 1 日起，育林基金征收标准降为零。至此，阻碍我国人工林发展的最大政策障碍终于被清除，

2015年，董汉民在桉树国际学术研讨会上作报告

■ 董汉民（左）与祁述雄察看桉树人工林

广西人工林种植行业协会确定的最重要的诉求被政策制定者接纳，众多的营林企业和造林大户及林农从中受益，从而吸引更多的社会资本进入人工林发展。董汉民和广西人工林种植行业协会虽不是政策的制定者，但他们多年的执著努力起到了一定的促进作用，为加速现代林业改革做出了突出贡献。

（3）卓有成效的职业经理人。“干一行，爱一行”，是董汉民坚定不移的职业信念。在担任广西理文林业科技发展有限公司总裁期间，他倡导“操守、诚信、尊重、进取”的八字企业文化，完善了适应国内林业发展的经营机制措施，把科学可持续的林业经营理念落实在人工林经营管理的各个环节。在短短两年时间里，将理文林业公司打造成了桂东南地区一个充满活力的人工林企业。2015 年，董汉民得到了更大的事业平台，开始经营管理金光集团 APP 中国林务事业部。作为金光集团 APP 中国林务事业部的首席执行官，他管理着 30 万 hm^2 林地和 1600 多名员工，个人事业的发展激发出他更大的潜能。他号召全体员工“把心用在种树上”，强调从“计划、分工、跟踪、总结”的流程中，抓机构调整、人员优化、节降成本、保全资产，确保年度业绩的达成。他致力于推进林业现代信息化建设，为实现林浆纸一体化可持续发展的总目标，董汉民正在成为卓有成效、敢于创新的业界领军人物。

2015

Roger Arnold

Roger Arnold has over 35 years experience in commercial plantation forestry and forest research in China, Australia, New Zealand, USA, Chile, Malaysia and elsewhere.

罗杰·阿诺德在商品林种植和研究方面有超过 35 年的经验，主要在中国、澳大利亚、新西兰、美国、智利以及其他国家开展工作。

Roger went to the USA in the late 1980s for graduate studies in forest genetics and went on to earn a M.Sc. and then a Ph.D. from North Carolina State University（NCSU）. It was during his time at NCSU that he had his first introduction to forestry in China, through a number of class-mates at NCSU from mainland China. Working on various graduate student research projects with these classmates, he spent long periods travelling and doing fieldwork together in the USA with his Chinese classmates. During these times there were many long conversations about forestry in China, and this ignited a keen interest in Roger to experience China for himself.

19 世纪 80 年代后期，罗杰赴美国进行研究生阶段学习，专业为林木遗传学，毕业后获得北卡罗来纳州立大学的硕士和博士学位。在北卡罗来纳州立大学学习期间，他的许多同学来自中国，因此罗杰对中国林业有了初步认识。罗杰不仅与这些同学一起实施各种研究项目，还在很长一段时间内与他们在美国一起旅游与进行野外活动。在这期间，罗杰接触到了很多有关中国林业的信息，这让他燃起了浓厚的兴趣，想要来中国感受林业。

After graduating with his Ph.D. from NCSU in 1994, Roger returned to Australia to become a Senior Research Scientist with CSIRO's Australian Tree Seed Centre（ATSC）in Canberra. With ATSC his work focused on domestication and breeding of Australian species – especially Eucalyptus and Acacia species. A special focus of Roger's work with ATSC was collaborative projects with scientists in a number of countries in Asia. This was the work that first brought Roger to China in 1994; following that visit he became a frequent visitor to China to work on various projects with Chinese scientists.

1994 年，在北卡罗来纳州立大学获得博士学位后，罗杰返回位于堪培拉的澳大利亚联邦科学与工业研究组织机构属下的澳大利亚种子中心担任一名资深研究员。在该种子中心，他的工作主要为澳大利亚树种（以桉树和相思为主）的引种驯化和繁殖。罗杰在澳大利亚种子中心另一部分重要的工作是与许多亚洲不同国家的专家们一起合作项目，正是这项工作让他在 1994 年有机会第一次踏上中国。在那之后，罗杰通过与中国专家们进行各种项目的合作，成为了访问中国的常客。

In 1999 Australia's CSIRO and China's Academy of Forestry through its China Eucalypt Research Centre（CERC）, commenced a large collaborative research project supported in part by ACIAR: the 'Cold Tolerant Eucalypt Project'. This project focused on selecting and developing cold tolerant eucalypts for cooler regions of southern China and southern Australia. A lot of very good, exciting science was done through this project with many field trials being established and assessed in China and many high quality scientific papers being published by scientists involved in the project. Also, over the course of this Chinese-Australian Cold Tolerant Eucalypt Project, Roger spent about 3 months each year here in China working alongside many talented young Chinese scientists. Although the Cold Tolerant Eucalypt project officially finished at the end of 2004, much informal collaboration and friendships continue till this day, and many arising from work initiated during the course of the project, have been published over the last 10 years.

1999 年，澳大利亚联邦科学与工业研究组织与中国林业科学研究院下属的国家林业局桉树研究开发中心合作一项大型的研究项目，此项目由澳大利亚国际农业研究中心支持，名称为“耐寒桉树项目”。项目旨在在中国南部和澳大利亚南部气候偏冷的地域选择性培育和发展耐寒桉树。众多试验和评估证明了该项目得到了可喜的科学成果，参与该项目的专家也发表了许多高质量的论文。在这个中澳双方合作的“耐寒桉树项目”中，罗杰每年大约花费 3 个月在中国与才华横溢的年轻学者一起工作。虽然“耐寒桉树项目”于 2004 年正式结束，但很多私下的交流合作和友谊却一直持续至今，而且在过去 10 年，很多与此项目相关的研究成果还在不断被发表到各类期刊上。

After working with CSIRO for more than 12 years, Roger left Australia in 2006 and moved to China to live and work in Fujian province. There in Fujian he took on the position of Tree Improvement Manager with APRIL Forestry of RGM International. In that job Roger worked closely with a team of young Chinese forestry professionals to initiate intensive breeding programs for cold-tolerant and sub-tropical eucalypts in Fujian. As part of his work with APRIL, he was a key member of a team that designed and developed a large scale, world-class eucalypt nursery in Zhangzhou, Fujian.

在澳大利亚联邦科学与工业研究组织工作超过 12 年之后，罗杰离开了澳大利亚并于 2006 年来到中国福建工作与生活。在福建，他担任亚太资源国际控股有限公司的林木育种部经理，该公司是新加坡金鹰国际集团的成员。工作中罗杰与一些年轻的中国林业专家进行密切合作，他们一起在福建发起了数量众多、有关耐寒桉树和亚热带桉树的育种项目。在亚太资源国际控股有限公司工作期间，他是团队的核心人物，在福建漳州设计和开发了一个大规模、世界级的桉树苗圃。

In 2009 Roger left Fujian to come and work full-time with CERC in Zhanjiang, Guangdong. This provided Roger with a tremendous opportunity to work alongside Chinese scientists who had already become long term collaborators and friends through various research projects. Now he works and lives in the vibrant coastal city of Zhanjiang, and works closely with his CERC colleagues on tree breeding, silviculture, pathology and other areas of plantation forestry. This research includes designing and implementing applied breeding programs for key eucalypt species; short rotation silviculture; and, enhancing returns from utilisation of small diameter eucalypt logs. Roger also maintains a passionate interest in developing cold tolerant eucalypt varieties for cooler inland regions of southern in China.

2009 年，罗杰离开福建来到位于广东湛江的国家林业局桉树研究开发中心就职，此契机使他能与在各种项目中长期合作的中国专家和朋友们一起并肩作战。现在他工作生活在充满活力的海滨城市湛江，并和国家林业局桉树研究开发中心的同事在人工林的育种、造林、病理等其他领域均有紧密合作研究。研究内容包括：为主要桉树树种设计和实施所申请的育种计划、短轮伐期造林技术和提高桉树小径材原木收益。罗杰还保持着为中国南部的冷凉地区培育和发展耐寒桉树的热情。

■ 2004年，罗杰（左二）为科研人员开展试验设计、数据分析软件DataPlus、Genestat等培训

■ 2012年，罗杰（左）获得中国政府“友谊奖”

In Roger's work at CERC he has many exciting opportunities to do high quality scientific research that provides benefits directly to Chinese industry and commercial eucalypt growers. A key part of this work involves the 'China Eucalypt Industry Technology and Innovation Alliance'（formerly 'China Eucalypt Breeding Alliance' or CEBA）which Roger helped found back in 2006. Since its founding, Roger has been a key team member involved in the Alliance's cooperative eucalypt breeding program; as well as formulating the Alliance's tree improvement plans, he also handles huge amounts of data from the Alliance's field trials.

在国家林业局桉树研究开发中心工作期间，罗杰可以兴致高昂地开展高质量的科学研究，这些研究直接使中国工业和商品林桉树的种植者受益。罗杰很重要的一部分工作包括：在 2006 年协助创建了“桉树产业技术创新战略联盟”（原名“中国桉树育种联盟”或 CEBA）。自成立以来，罗杰以联盟合作桉树培育团队核心成员的身份参与制订了联盟的树种改良计划，他还处理了大量与联盟田间试验相关的数据。

Roger's scientific abilities are revealed through numerous publications he has authored and co-authored, including over 45 SCI journal papers, several book chapters and numerous conference papers. Of these publications, more than 50% have been produced with Chinese co-authors. Roger has also been honoured for dedication to science and international cooperation here in China through a number of significant awards, including: China Eucalypt Development Outstanding Contribution Award（'Qi Shuxiong Eucalypt Foundation Award'）in 2015; a Chinese Government Friendship Award in 2012; a 'Xiao Xiang' International Co-operation Award in 2006 from the Hunan Provincial Government; a 'Jin Xiu Qiu' Award in 2003 from the Guangxi Provincial Government; and, an International Science and Technology Cooperation Award from the Hunan Provincial Government in 2002.

罗杰的科研能力可以通过多篇由他撰写或合作撰写的出版物得以体现，其中包括 45 篇 SCI 期刊论文，几本书的章节和大量会议论文，这些论文 50% 以上拥有中国合著者。罗杰由于致力于中国的科学研究与国际合作而在中国得到许多重要奖项，包括 2015 年的“中国桉树发展突出贡献奖”、2012 年中国政府颁发的友谊奖、2006 年湖南省政府颁发的“潇湘友谊奖”、2003 年广西政府颁发的“金绣球奖”和 2002 年湖南省政府颁发的“国际科学技术合作奖”。

2015

兰樟仁

兰樟仁，福建省上杭县人。2000 年毕业于芬兰赫尔辛基大学农林学院森林资源管理系，获工学博士学位。2001－2002 年，定居加拿大多伦多市。2003 年 1 月，由福建省政府以高级人才引进方式受聘为福州大学福建省空间信息工程研究中心教授（后经福建省自然科学研究人员高级职务评审委员会评定为研究员），研究与发展部副主任，福州大学－福建省林业厅“数字林业联合实验室”主任，福建省林业厅“数字林业”工程建设专家组专家，国家自然科学基金项目评审专家，兼任福建农林大学客座教授。2006 年 5 月起，受聘担任新加坡金鹰国际集团亚太中国林业副总经理；2009 年 11 月起受聘于斯道拉恩索广西林业有限公司土地管理部总监、林木生产总监，并于 2015 年 4 月起转任斯道拉恩索广西一体化项目林业政策总监。

自 20 世纪 80 年代始，长期从事森林资源管理、生态采运、森林经营产学研一体化的教学、研究和应用开发与生产实践；1994 年赴芬兰赫尔辛基大学攻读博士学位，参与芬兰科学院林纸一体化、生物能源方面的两项为期五年由欧洲多国合作的大型欧盟项目的研究，独立承担“林木生产系统优化与集成”的专项研究与计算机应用专家系统的开发。在芬兰留学期间，参与中、芬林业和森林工业的多项国际合作项目的组织协调和科技人员的技术培训，是芬兰农林部、芬兰林业总公司等中国项目的专题顾问和项目协调人。在赫尔辛基大学学习和工作期间，发起和成立了“赫尔辛基大学中国学生学者联合会”，并担任联合会常务副主席和对外联络部负责人。2001－2002 年，担任加拿大 Geo-Tech Solutions Consulting International 公司高级研究员和项目经理，Eco-Program International Development Ltd 公司高级顾问，同时参与加拿大拉瓦尔大学“GIS & Forest operations”合作项目研究，其间专门从事遥感（RS）、地理信息系统（GIS）研究与涉及森林资源、生态环境、政府、城市、商业等领域的应用开发。

2003 年初回国，加入福建省重大信息化工程“数字福建”工程的建设，主持由福建省林业厅委托的“福建省数字林业工程建设总体方案”的编制以及直接参与“福建省数字林业”一期工程的规划设计与实施；参与国家“863”信息领域课题“行业大型 3S 应用服务系统－区域”中数字林业示范专题负责、国家重大基础研究（973）前期专项“协同式虚拟地理环境与森林遥感建模”森林三维模拟子项专题研究的技术咨询与指导；主持福建省自然科学基金、福建省科技计划、福建省教育厅等涉及湿地资源与生态环境等领域的研究项目，同时承担“中芬（兰）政府间科技合作项目“基于遥感沿海红树林湿地的时空解译与湿地修复的研究”的项目负责人。

2006 年 5 月起，担任新加坡金鹰国际亚太中国林业副总经理（兼任规划部经理和代理桉树研发中心经理)。2009 年 11 月起在斯道拉恩索广西林业有限公司任职总监，专门从事桉树速生丰产林基地的建设规划、桉树研发、苗木生产、林木种植、木材采伐和运输、木片生产等经营管理，通晓林浆纸一体化从原料林基地建设到浆厂资源配置全过程的系统优化与控制。

2003 年初回国后的工作如下。

第一阶段，2003 年 1 月至 2006 年 4 月：

福州大学教授，硕士研究生导师。承担国家 863 计划、福建省自然基金、省科技厅、省教育厅以及国际合作项目等多个项目，在国际和国内一级、二级核心刊物发表论文多篇和出席各种学术讨论会交流论文合计 20 余篇。

第二阶段，2006 年 6 月至 2009 年 10 月：

①代表集团一方主持并完成金鹰集团亚太中国林业福建林浆纸一体化项目的 15 万 hm^2 桉树人工林原料林基地建设可行性研究报告和林业基地经营环境影响评估报告。

②运用遥感（RS）、地理信息系统（GIS）、全球定位系统（GPS）技术完成 15 万 hm^2 原料林基地的总体规划与设计。作为项目负责人，经历两年时间在公司内部首次在中国建立了原料林基地“桉树人工林信息管理系统”并投入运行。

③总结出符合国际标准的桉树人工林资源清查与数据分析系统化管理方法，包括 1 年生桉树成活率、平均树高的调查设计，半轮伐期桉树生长量调查设计，以及桉树采伐前蓄积量调查设计。在企业管理上，整合了森林资源在林浆纸一体化项目的供应链上的资源配置、木材生产、物流配送最优管理模式。

④注重桉树研发与实践，一直致力于在福建北部高寒山区进行耐寒桉树品种邓恩桉的种植试验，探索出企业级邓恩桉品种在公司原料林基地种植适宜区域规划和种植方法，并成为公司种植的主要品种之一。

⑤在公司内部的经营管理上，建立了适合桉树种植和经营的一整套“标准化操作程序”和质量管理控制体系。鉴于在公司组织桉树研发、组培生产建设以及主导业务运行规范化标准化操作制定和实践工作中取得的突出成绩，连续两年获得金鹰

集团“总裁特别奖”。

第三阶段，在斯道拉恩索广西林业有限公司工作期间，主要从事以下几个方面的工作：

①改造和完善营林生产运营的方法体系：编制一整套的营林生产作业指南，对每一道生产工序操作进行标准化和规范化；按照流程控制的方法论对桉树在一个轮伐期内的年度计划、种植材料的采购和物流配送、苗木生产、种植、抚育、质量保障、生长监测、护林防火等一系列环节实施监控，在功能定位、部门职能、人力资源配置、责任落实、时间控制、成果报告等方面进行全方位的流程设计，并付诸实施。

②主导公司内部营林生产管理中桉树人工林种植以最小经营单元小班为基础的种植信息管理系统的建立和运行。综合了林地小班经营属性、地理空间数据管理、运作计划、运作合同、业务运行控制、成本监测、记录和报告、林地纠纷事件跟踪处理、社区建设项目关联等功能，成为公司主要运行的的企业管理工具之一。

③作为公司营林工作主管，主导桉树育种、营林技术研发工作。通过团队的力量，重新制定了桉树育种的长期战略规划，在传统方法基础上结合新的研究方法和体系将有效缩短一个新品系的研发周期。按照计划已经建立起了 100 多公顷公司所属的育种试验和营林技术发展的试验基地，使得斯道拉恩索广西林业有限公司成为桉树产业技术创新战略联盟的主要成员之一。

④作为中国林学会桉树专业委员会的委员之一，在本届任职期限中，大力支持与协助委员会的工作，对一年一度全国桉树研讨会的召开予以全力合作，并主持大会的相关工作。特别在 2014 年度的全国桉树研讨会受邀作了“斯道拉恩索桉树可持续经营与管理实践”的主旨报告。

⑤ 2013 年起，受聘出任桉树产业技术创新战略联盟副理事长，代表斯道公司全力支持，参与联盟的各项工作和发挥企业在联盟成员中主导作用，多年来致力于促进企业与国家林业局桉树研究开发中心、中国林业科学研究院热带林业研究所、广西林业科学研究院、广西大学林学院等科研院校的紧密合作，在桉树育种、可持续经营、适地适树等营林技术方面开展各项科学试验和协作，包括联合部分肥料生产企业进行桉树营养和施肥技术试验项目。引导斯道拉恩索广西林业有限公司在桉树研究的科技投入、产学研一体化方面紧密连接与协作，在主动参与谋划人工林种植和产业集群的长期可持续发展方面成为领军企业之一。

⑥从 2013 年 6 月起，发起和参与属于完全草根性质、符合国家现行的法律法规高标准严要求并能够独立自主运行的社会组织“中国人工林种植者协会”的各项筹备工作，在协会章程制定、倡议征集发起人、制定协会的宗旨使命、宣传推广等方面倾注全力，在对未来协会的运行设计、长远发展战略以及凝聚广大人工林种植者在桉树科学经营和达成可持续发展共识方面做了大量卓有成效的工作，为此获得了斯道公司管理层的大力支持与协作。2014 年 11 月，代表协会筹备会发起和参与在广

州举办，并通过由《南方农村报》报社主办的《中华人民共和国森林法》民间修改意见座谈会，这是我国首次就《中华人民共和国森林法》修改征求意见过程中，有来自民间草根基层的人工林种植者主动参与、献言献策，并将真正代表民间提出的修改意见和建议提交给国家林业局和国家立法部门。在 2015 年 3 月，“《中华人民共和国森林法》民间修改意见建议书”的成果包括对取消育林基金的来自民间基层的诉求，引起了全国人大代表李瑞伟的高度关注，他在出席 2015 年全国两会期间，向大会递交了《关于全面取消商品林育林基金征收的意见》。2015 年 10 月，作为重要的发起人之一，在广西发起和成立、经广西民政厅登记注册了广西人工林种植行业协会，并任首届协会副会长兼秘书长，主导协会的日常运作。在 2015 年 11 月，作为中国林学会特邀代表，广西人工林种植行业协会董汉民首次出席在北京举办的“2015 现代林业发展高层论坛”，并作“加快税费改革步伐，促进我国南方人工林建设可持续发展”主旨报告，该报告作为来自草根群体的声音被入选为“中国林学会林业专家建议”建言书被提交给国家林业局、中国科协等领导和决策者。2016 年 2 月 1 日，经国务院常务会议决定，育林基金的征收降为零。作为中国人工林种植者协会筹备会和广西人工林种植行业协会最重要的成员之一，在过去的两年多时间做了大量的调查、分析、研究和呼吁工作，对育林基金降为零新政落实发挥了极大的推动和促进作用。

兰樟仁察看桉树人工林

⑦作为中国人工林种植者协会筹备会的主要发起人之一和广西人工林种植行业协会的创立者之一，在过去的几年中，通过举办各种人工林种植者之间的交流活动、筹备会网络微信交流群等方式，定期发布筹备会进展情况汇报，宣传森林经营有关政策、法律法规等，并主编协会《树人半月刊》，引导广大人工林种植者在森林经营中将生态环境保护、提高桉树工业原料林经营经济效益和科学制定造林规范结合在一起，在传递桉树人工林科学经营正能量方面发挥了主导作用。

2015

黄文丁

黄文丁，博士，林业和生态专家。30 多年间从事亚洲、欧洲和非洲一些国家的林业、营林、生物多样性和生态保护等方面的研究和企业管理。长期从事桉树发展和研究工作，对桉树林、浆、纸一体化可持续发展有深入的研究，尤其对桉树在中国的发展战略、问题、对策和解决途径有独到的思考和见解。1981 年在南京林业大学获硕士学位，1981 – 1992 年在南京林业大学从事教学与科研工作。1992 – 2002 年在赫尔辛基大学从事研究和教学，1998 年在赫尔辛基大学获博士学位。2002 – 2015 年，在多家世界级浆纸林集团的公司担任过总经理、副总经理和总监等高级职务。在国外多家公司担任过高级顾问或参与项目。现任 APP 中国林务总部副总经理、中国桉树专业委员会副主任委员、赫尔辛基大学等兼职教授。

黄文丁长期以来一直在造纸集团从事桉树产业发展和规模性工业基地建设、管理和研究工作，为桉树产业化发展做出了较大的贡献。在金光集团 APP（亚洲浆纸）中国林务，黄文丁担任过广西事业区总经理，APP 中国林务总部副总经理。负责中国 30 多万公顷以桉树为主的人工林的发展和管理工作，在桉树无性系的育种、培育和推广等方面做出了卓越的贡献，主要有以下 6 个方面：①指导整体林业的发展、造林和管理；②建立林务战略发展方针、政策和中长期规划，制定年度目标和计划；③建立标准化操作流程，质量监管和制度；④协调包括政府、林业机构、土地方、村民以及 NGO 等利益相关方在内的共同发展关系；⑤领导研发和指导研究项目；领导可持续发展工作，包括森林经营国际最佳实践、高保护价值保护、海南人工林生态修复、社会问题处理、FPIC 原则和实践以及森林认证等；⑥推进人力资源开发等。

2002 – 2005 年，受 Stora Enso 总部派遣，和芬兰同事一起在广西成立了 Stora Enso 在中国的首家林业公司，引进了国际林浆纸一体化产业模式，开启了 Stora Enso 在中国的首家林浆纸一体化项目。主导了北海铁山港作为浆纸投资产地的选择，建立了高度现代化、机械化和规范化的集中经营模式，充分发挥西方优秀的企业文化与人文精神，与广西高峰集团建立合作投资关系，开展了大规模基地造林建设。

在赫尔辛基大学 10 年多任教和从事研究工作期间，承担林农复合系统和生态模型化等课程教授工作，并被赫尔辛基大学聘为无限期兼职教授。主导为赫尔辛基大学和南京林业大学、北京林业大学、东北林业大学、东北农业大学和西北农林科技大学建立了校际合作关系。作为指导老师，指导过芬兰、法国等国的许多硕士生和博士生。1998－2002 年期间，主导研究芬兰科学院和赫尔辛基大学在坦桑尼亚东 Usambara 地区的生物多样性项目，包括阶段 1“坦桑尼亚的东 Usambara 生物多样性管理”，阶段 2“非洲生物多样性保护：热带森林经营和恢复”。在国际期刊上发表“坦桑尼亚热带雨林的物种多样性，森林结构和物种组成”，“坦桑尼亚自然保护区中保护生物多样性的农林复合系统：功能群和分析”等论文。2001－2003 年，主导“农林复合系统的相互作用理论，建模和计算机解决方案”项目。1992－1997 年，领导芬兰科学院的“农林复合系统相互作用理论，种群共存增益”项目；1991－1994 年，主导中国国家自然科学基金会和芬兰合作的“农林系统种群动态管理理论”项目。

在南京林业大学任教期间，担任讲师、副教授和教授。曾被北京林业大学聘为合作博士生导师，被西北农林科技大学聘为兼职教授和博士生导师，被中南林业科技大学聘为合作博士生导师。1994 年，主导研究的“农林复合经营”等研究项目先后获林业部科技进步成果一等奖。

黄文丁出版过较多中英文著作，在国际和国内期刊上发表多篇林业、农林业和生物多样性等方面的中英文研究论文和报告。主编的主要著作包括：Productive Coexistence And Gain In Agroforestry,《中国复合农业》、《农林复合经营技术》和《立体林业》等，其中《中国复合农业》作为优秀著作获得首批“江苏省金陵科技著作出版基金”资助。在 *Ecological Modelling* 和 *Forest Ecology and Management* 等国际期刊发表‘Modelling the coexistence gain and interactions of population in Taxodium ascendens-intercrop systems’，‘Species diversity, forest structure and species composition in Tanzanian tropical forests’，‘Agroforestry in China: present status and future potential’等多篇论文。

■ 黄文丁（前一）现场指导科学营林

■ 2015年，黄文丁（右一）在国际桉树研讨会期间向会议代表介绍APP苗圃

2015

徐大平

徐大平，生于1964年，安徽无为人。现任中国林业科学研究院热带林业研究所所长、研究员、博士生导师和森林培育首席专家，兼任中国林学会理事、珍贵树种分会主任委员、桉树专业委员会副主任委员、树木引种专业委员会和森林土壤专业委员会理事。

1989年硕士毕业后，在热带林业研究所参加中澳合作研究项目“澳大利亚阔叶树种引种与栽培”和“利用桉树外生菌根菌和施肥提高桉树人工林产量”的研究，主要从事桉树施肥和营养诊断方面的研究。1992年4月至1993年3月在澳大利亚科工组织合作研究桉树1年。1995年负责国家自然科学基金重点项目“杉木、桉树人工林长期生产力保持机制的研究”中的桉树研究部分。1997年负责中澳合作研究项目“桉树与水：健康环境条件下的高产人工林”，1998年负责国际林业研究中心（CIFOR）国际网络研究“桉树人工林多代经营立地管理与生产力”，主持“十五”国家科技攻关课题“南方主要速生阔叶树种新品种选育及培育技术”、“十一五”国家科技支撑课题“速生纸浆林可持续经营管理技术研究与示范”和“十二五”课题“南方主要阔叶树新品种选育技术研究”等，在桉树人工林立地选择、养分诊断、合理施肥、水分利用和平衡、砍伐剩余物管理和可持续经营等方面做出了重要贡献。

在调查了海南、广东和广西等地大量桉树人工林生长和土壤肥力之间的相互关系基础上，总结出影响我国桉树人工林产量的主要立地因子重要性排序为：土层厚度、土层黏粒含量、表层土壤有机质含量和土壤主要养分元素含量。土层厚度决定了桉树的生长高度和立地指数，并同林木蓄积生长量紧密相关。土层厚度小于50cm的立地，6年生桉树高一般不超过20m，生长量不超过15 $m^3/(hm^2 \cdot a)$；土层厚度大于100cm的立地，6年生树高在30m左右，生长量大于30$m^3/(hm^2 \cdot a)$。降雨量较高和均匀分布可弥补土层厚度的不足。土层黏粒含量决定了土壤的保水和保肥能力，沙质土壤容易缺 K 和 B，导致产量下降，特别是在一个轮伐期的后期。表层土壤有机质含量和土壤主要养分元素含量决定了桉树人工林的养分供给能力，特别是在人工林停止施肥的一个轮伐期的后期。

经过大量的桉树施肥试验，发现在华南地区种植桉树主要限制产量的营养元素为 P、N、K 和 B。通过 P 肥梯度施肥试验，发现所有立地施 P 肥均能提高桉树人工林的产量，提高的幅度在 15%~740% 之间。东部地区提高的幅度高于西部地区，土壤 pH 值低的地区高于 pH 值相对较高的地区。施 P 肥应尽量做到基肥多，追肥少，减少施肥次数，增加单次施肥用量，集中穴内施放。通过 N 肥梯度试验，发现施 N 肥能普遍提高桉树产量。早期 N 肥促进生长的效果大于后期，造林当年最好施 N 肥施肥 2 次，后 2 年每年 1 次。通过 K 肥梯度试验，发现施 K 肥能提高大部分桉树林产量。在沙土上必须施 K 肥桉树才能健康生长，否则将出现明显缺 K 症状，早期 K 肥促进生长的效果大于后期。造林当年最好施 K 肥 2 次，后 2 年每年 1 次。经过大量的调查和施肥试验，在我国首次发现华南地区桉树人工林有一定比例林地缺 B。在土壤有效 B 低于 0.5 mg/L 时，必须施 B 才能保持较高的产量，B 肥最好能与有机肥一起使用或制成长效肥。由于 B 为微量元素，多施将会压制树木生长，严重会导致树木中毒。在缺 B 土壤施硼砂时，应小于 5g/ 株。确定了利用桉树初展叶诊断幼树养分状况的诊断标准，提出了幼树叶片分析指导施肥技术，建立了幼树养分含量同生长的相关关系，对于生长不好的林分应采叶样分析主要养分元素含量确定翌年施

徐大平察看桉树大径材培育

肥配方，提高施肥效果。根据我国华南地区立地条件和施肥状况，分别提出 4 种林木基肥施肥配方供不同立地选用，它们是林木有机复合肥含 B 基肥配方 1 号（有机质 20%；N 8%；P_2O_5 16%；K_2O 6%；B 0.1%）、林木无机复合肥基肥配方 1 号（N 8%；P_2O_5 16%；K_2O 6%；B 0.1%）、林木有机复合肥基肥配方 2 号（有机质 15%；N 8%；P_2O_5 12%；K_2O 5%；B 0.1%）和林木无机复合肥基肥配方 2 号（N 8%；P_2O_5 12%；K_2O 5%；B 0.1%）；分别提出林木追肥配方 4 个供林木抚育追肥和萌芽林施肥选用，它们是林木有机复合肥含 B 追肥配方（有机质 20%；N 15%；P_2O_5 5%；K_2O 10%；B 0.1%）、林木有机复合肥追肥配方（有机质 20%；N 15%；P_2O_5 5%；K_2O 10%）、林木无机复合肥含 B 追肥配方（N 15%；P_2O_5 5%；K_2O 10%；B 0.1%）、林木无机复合肥追肥配方（有机质 20%；N 15%；P_2O_5 5%；K_2O 10%）。

研究证实 20 世纪 90 年代中期以前在我国的桉树种植过程中，确实存在地力衰退问题。导致地力衰退的主要原因是：①全垦整地。早期桉树种植时主要选择平地或缓坡地，然后进行机耕，有时进行 2 次机耕。机耕破坏了原有的土壤剖面结构，减少了地表的凋落物和林下植物覆盖，导致土壤水分向下渗透减少，地表径流增加，土壤和养分流失严重，林分的水土保持和水源涵养效果降低，全垦后第一年土壤流失量为 13t/hm² 左右。总结出沿海平地和台地深松整地替代全垦整地的方法，使年土壤流失量从 13.64.2t/hm² 降到 4.2t/hm²，有效地减少水土流失；山地以环山水平带挖穴整地，配合 80~100cm 带状抚育，在减少水土流失的同时保证桉树早期生长不受杂草影响。②全树收获和早期种植的桉树品种不利于土壤肥力维持。早期种植的窿缘桉和柠檬桉凋落物少，不利于养分循环。同时，一般都进行全树收获，除砍伐木材外，还收获树叶、树枝、树皮、树根。这种收获方式加大了养分输出生态系统的数量，必须进行人工施肥进行补充。全树利用（收获树干、枝叶和主根）带走 4.5 年生尾叶桉树木积累的主要养分元素（N、P、K、Ca 和 Mg）92% 以上；收获树干和枝叶将带走树木积累的主要养分元素 80%~90%；砍伐树干并把树皮运出林地将带走树木积累的主要养分元素 28%~67%；砍伐树干并把树皮归还林地仅带走树

■ 徐大平（右二）赴越南林场指导桉树种植和施肥

木积累的主要养分元素 11%~41%。试验证实砍伐剩余物归还林地能明显增加下一代林分早期的土壤速效 P、有效 K 和 NO_3-N 含量，减缓林分建立早期表土层土壤有机质的减少，提高产量 21%。建立桉树相思混交林培育大径材有利于土壤肥力的提高。③施肥少和不能平衡施肥，导致土壤肥力降低。早期种植桉树时，很少施肥。即使有施肥，也是施一次基肥。施肥时，只施含 N、P、K 的复合肥。由于机耕整地养分流失多和全树收获养分损失多，少量补充不能形成养分在生态系统的平衡，导致地力衰退。部分地区由于缺少微量元素，长期得不到补充，造成地力衰退。目前地力衰退这种状况得到了逆转，经营合理的林分土壤肥力在不断提高。

在雷州林业局采用热脉冲法首次证实我国桉树林的年蒸腾量为 523 mm 左右，只占降雨量的 1/3，不会导致水分过度利用。桉树人工林对地下水有明显的补充，桉树人工林集水区产水量占降雨量的 46.1%，同其他林分差异不大。在广东高要的研究表明，从集水区流出的地表水为降雨量的 38% 左右。在比较干旱的 3~4 月，为全桉树覆盖的集水区没有断流。该林分在 2005 和 2006 年度的蒸腾耗水分别为 401.5mm 和 430.9mm，相当于降雨量的 29.5% 和 21.6%；林冠截流分别为 206.4mm 和 447.6mm，相当于降雨量的 14.1% 和 24.1%；土壤蒸发和林下植物耗水分别相当于降雨量的 17.8% 和 15.4%。探明我国桉树林水分蒸腾少的主要原因是：与桉树高产国家比较我国桉树叶面积指数小，夏季饱和蒸气压差小（高湿和多云）及旱季时土壤水分减少（主要为山地，无法获取地下水）和低温（此时为冬季）减缓了桉树生理活动限制了蒸腾。

研究成果在华南桉树人工林基地建设中直接和辐射推广 100 多万公顷，为把我国桉树丰产林的平均生长量从 2000 年的 17.5 $m^3/(hm^2·a)$ 提高到当前的 25 $m^3/(hm^2·a)$ 做出了一定的贡献，推动了华南地区林浆纸和林板一体化的发展，使我国桉树人工林产业发展上了一个新台阶。2010 年以来，一直呼吁桉树产业界重视劳动力成本和林地租用成本上升对我国难以用机械化作业的山地种植桉树的影响。建议集中资源提高交通方便、土地较肥沃林地桉树人工林产量，增加效益，减缓成本上升的影响。

2015

王尚明

王尚明，生于1960年，广东雷州人，1984年5月加入中国共产党，本科毕业，林业高级工程师，商业物流经济师，在基层从事一线林业工作28年。1976年9月参加工作，1984－2003年在雷州林业局（简称：雷林）工作，曾任调查技术室技术员、林场场长、副局长、常务副局长，局长。2004－2011年任惠州南油林业经济发展有限公司(简称：惠林)总经理。前阶段后期主持管理一个近5万hm^2的老国有林业企业，后阶段亲手打造了一个2.4万hm^2的中外合资林业企业。2001年起担任中国林学会桉树专业委员会副主任委员至今。现任广东省广业轻化工业集团有限公司副总经理，从事林业管理工作。

一、主要业绩

（1）雷林阶段。在负责雷州林业局生产和科研工作及主持全面工作期间，实现科研成果与生产力零距离的转化，紧紧依靠科技进步提高林木资源的培育水平。他虚心学习各方面的知识和经验，大胆创新，从营林全过程管理和自费林经营等方面探索林地生产力提高的途径，提出对短周期工业用材林应以“树作物”的理念来经营管理，缩短更新期，加快林地周转，使雷州林业局人工林经营管理处于全国的领先水平。

①借助木浆项目对工业用材林种质资源进行调研的契机，引进优良无性系以及优良种源。在国内首次通过购买的方式与广西东门林场合作，每年引进10多个无性系，进行区域性试验。同时通过与中国林业科学研究院热带林业研究所、国家林业局桉树研究开发中心的技术合作，借助科研机构的技术优势引进和筛选了30多个无性系，其中有6个优良无性系实现在生产上零距离推广应用。1998－2002年，由于

新种质资源及相关匹配技术的应用，全局林木蓄积量净增 31 万 m^3。

②多项技术的集成与应用。作为管理者，王尚明注重吸纳各项研究成果，意识到林地生产力的提高必须依靠技术的同向作用，潜心对雷林多年来研究的成果进行整合和聚成。利用与华南农业大学林学院合作开展“雷州林业局桉树浆粕材可持续经营研究”的成果，构筑各项技术的整合框架；利用与广东省生态环境与土壤研究所合作成果确定全局土壤类型及其分布并提出进行小班经营组经营的举措；充分运用与中国林业科学研究院热带林业研究所、国家林业局桉树研究开发中心、广西林业科学研究院等单位在种质材料、种植技术、病虫害防治等方面的最新成果，系统修订丰产林技术规程并在生产中严格执行；通过与广东省生态环境与土壤研究所合作研究，总结出“平衡施肥理论”，把经济学的成本控制与边际贡献原理应用于生物量制造过程。

③积极探索人工林现代化管理手段的模型。以林地土壤分布图、土壤养分等级图、649 个剖面分析样本和其他分析样本采集的 13468 个分析数据和森林资源数据为基础，王尚明主持开展了“基于 GIS 的雷州林业局生产信息系统”研究，该系统能从林地土壤各因子的基本数据、林木生长各因子的变化、林木生长模型的建立、林木生长过程的经济活动记录与分析、间隔期生态复位调查监测等方面对人工林经营进行现代化管理，提高了经济、技术与资源各系统联动管理的效率。

④成功开拓国内首宗木片贸易业务。2012 年，按国际木片贸易模式成功地与以桉树木片为原料的大型制浆造纸企业——山东日照森博浆纸有限责任公司建立贸易关系，开拓了中国国内木片贸易的先河，取得了明显的经济效益。打破了长期以来桉木片产品只靠出口的格局，拓展了木片产品的市场空间。

（2）惠林阶段。惠林公司成立于 2002 年，主要从事桉树人工林的经营。2005 年 8 月，日本王子制纸株式会社、丸红株式会社，与南油经发（国有企业）三方达成增资增值建立中外合资公司的协议并实质运行。南油经发、广西王子丰产林有限公司、丸红公司分别持有惠林公司 65%、30%、5% 的股份。惠林公司当时成为中国经营桉树人工林中首家中外合资企业。

①王尚明主动适应中外合资林业企业管理体制的运行要求。明确提出必须实施科技兴林战略，充分发挥日方的管理资源优势，将合资林业企业打造成为现代林业龙头企业的目标。惠林公司实行董事会领导下的总经理负责制，他严格遵守公司章程的规定，正确履行总经理的职权，构建精简组织管理机构，组建与培育精干的业务管理团队，多方位地注意与日方高管在管理理念、实务操作等方面的磨合。至 2007 年营林规模已达 2.4 万 hm^2，是粤东地区大规模经营桉树人工林的企业之一。与此相适应建立了占地总面积约 80000m^2 的中心苗圃，为公司营林生产提供优质的苗木资源。2008 年公司被评为“广东省林业龙头企业”

②重视科学技术研究与应用，使之迅速转化为企业经营效益。在粤东的紫金与

▪ 王尚明（右一）在林地与同事研究工作

▪ 王尚明（左二）在巴西考察苗木培育

惠东二县率先种植桉树。由于没有当地成熟的桉树营林模式借鉴，只能沿用粤西桉树种植模式做基础，王尚明主持全方位开展研究并注重实际应用，努力夯实公司的内控及技术基础，着力逐步构建森林可持续经营的格局。

——借助同行的经验，建立了营林、采伐等一系列的技术规程以及企业的内控制度，并在实践中不断完善。注重团队知识结构的优化与技能培训。

——夯实公司营林技术基础。从 2004 年开始与科研单位合作开展了 3 个课题研究：

1）广东省土壤与生态研究所对林地进行全面土壤调查。分析土壤理化性质把握本底情况，开展不同施肥的试验，从中找出适应于立地条件的基肥与追肥的配方，按配方委托加工厂生产，作为公司桉树专用肥。

2）中国林业科学研究院热带林业研究所与国家林业局桉树研究开发中心开展引进优良无性系研究。2005 年与中国林业科学研究院热带林业研究所合作对 16 个优良无性系品种进行区域化试验，并筛选出表现良好的无性系品种。2007 年与中国林业科学研究院热带林业研究所合作建立高产耐寒杂交桉家系测定林。与国家林业局桉树研究开发中心合作建立含 30 个桉树无性系和 10 个韦塔桉改良家系的新品种测定林，进行多性状综合研究。

3）广东省土壤与生态研究所开发 GIS 管理系统。将林地的地形图、小班、林道的基本信息导入系统，将林业生产管理的要素输入 GIS 之中。推行每 2 年进行一次林分二类调查工作，建立森林资源数据库，编制森林经营方案，用信息化技术改变传统的林业生产管理模式，提高了管理效率。

3 个课题的研究成果，在公司实现零距离转化综合应用，并随实践不断完善和提升。

③积极理性应对政府政策影响。2007 年上半年河源市政府突然发文，全面禁止种植桉树。林地上有大批工人在作业，已备耕的 3333 多公顷林地苗木肥料已备妥，突然停止造林会引起社会不稳定，造成公司巨大损失。通过各方面的努力，政府最

后同意已备耕可以种植。2007 年造林面积 3333 多公顷，将当年造林的损失降至最低的程度。为了使企业能稳健运行，公司运作规范，注意及时处理好与农民的有关利益问题，同时，他以身作则，使公司经营班子与员工融入当成社会经济活动圈，建立健康与良好的个人关系，为处理复杂的问题奠定基础。

④系统研判粤东粤北大规模营造桉树人工林的各种风险源，并提出风险辨析与应对的举措。为了提升企业的价值以及适应环保组织的要求，启动并实质性开展了项目环境影响评价与森林认证（FSC）工作。

二、考察学习经历与主要技术成果

① 1990 年、1998 年二次赴泰国考察桉树资源培育；1996 赴美国、加拿大考察林业；1997 年赴澳大利亚、新西兰考察桉树资源培育及木片贸易；2006 年赴南非 Mondi 公司考察桉树先进的营林管理技术；2007 年赴巴西 Cenibra 公司，考察桉树经营管理成功模式。

② 1999 年 10 月担任雷州林业局科技论文汇编《林海撷珠》主编；

③ 2000 年 1 月担任《桉树人工林长期生产力管理研究》(中国林业出版社)副主编；

④所获奖励：共获奖 6 项，其中获省级科技进步奖一等奖 1 项，省（厅）级科技进步奖二等奖 2 项，省（厅）级科技进步奖三等奖 3 项；发表论文 7 篇。

2015

潘鼎名

潘鼎名，香港绿源泰集团有限公司创始人，现任绿源泰首席执行官兼九洲家园农林投资有限公司总裁。2005 年海外学成归来后创建了香港绿源泰集团有限公司，一直致力于林业产业的可持续经营。

一、海外求学

1992 – 1996 年就读于纽约州纽约市哥伦比亚大学。自 20 世纪以来，哥伦比亚大学和哈佛大学、芝加哥大学一直被公认为美国高等教育三强。潘鼎名 1996 年毕业于该校，获材料科学和冶金工业（荣誉）理学士学位。在校期间学习成绩优异，有较强的组织活动能力，思维活跃，曾获 Alfred A. Halden 学者、优秀学生称号，并担任美国工程师协会亚裔会长。

2003 – 2005 年，就读于马萨诸塞州剑桥市麻省理工斯隆商学院。麻省理工大学是全球高科技和高等研究的先驱领导大学，被誉为“世界理工大学之最”。潘鼎名于 2005 年毕业于该校，获工商管理学硕士学位，在校期间曾任亚洲商业学生会联合总裁和致力于国际化发展的社会企业家。

二、海外创业

1996 – 1999 年，任纽约州纽约市埃森哲咨询公司顾问，这是他大学毕业后首次与金融服务业结缘。任职期间，作为主程序师和团队主管负责开展价值数百万美元的项目。

1999 – 2002 年，任纽约州纽约市 Giftme 股份有限公司联合创始人兼 CEO，

Giftme 股份有限公司是一家电子商务运营公司。作为创始人之一，他亲自创建了企业的经营理念，在 3 个月内成功筹集超过 50 万美元的初始基金运营该电子商务公司，于 2001 年获得两份全面收购计划。

2002－2003 年，任嘉汉林业国际有限公司香港湾仔总部企业战略顾问，直接向董事长及总裁汇报工作。嘉汉林业国际有限公司当时是一家在加拿大多伦多证券交易所上市的公司，也是中国当时最大的林业综合性外商投资企业，主要业务是经营桉树人工林，是一家集林业科研、营造林、林产品加工和贸易等整合多种林业资源的国际化林业集团公司，其林业全产业链模式已经日趋完善。任职期间，他就桉树产业进行了广泛的市场调研和产品研究，分析了中国木地板制造业和零售业的竞争力态势；分析产业潜力及对手企业的行业定位，推荐新的业务计划；构建竞争性情报业务部门的发展框架，获取核心数据，助力行政决策者开展工作。

三、投资林业产业

潘鼎名认为：联合国哥本哈根气候大会之后，应对全球气候变化，国际社会越来越倚重于林业，林业产业的可持续发展直接影响着生态保护与全球应对气候变化行动的效果，因此投资林业必定大有作为。

在他看来中国乃至全球将不断迎来林业产业发展的政策利好，林业产业发展还有很大的空间，当前和今后一段时期，中国林业将处于重要的战略机遇期和黄金发展期。在考察了中国大陆几家大型林业投资公司后，他毅然决定投资林业产业，坚信林业行业依然是一个朝阳产业。

鉴于此，2005 年潘鼎名创建了香港绿源泰集团有限公司，致力于在中国南方及东南亚国家发展林业及其相关产业。绿源泰是一家集桉树苗圃运营、桉树专用肥生产、桉树和油茶种植、林产品深加工及木材贸易服务为一体的综合性企业。经过 10 年的快速发展，绿源泰目前在中国及东南亚等地拥有十多家全资子公司、控股公司、代表处，其投资及合作项目已遍布广东、广西、江西、江苏及上海、北京等地。在中国大陆，旗下主要公司包括：河源市泰富林业发展有限公司、惠东天洋农业投资有限公司、广西泰富林业发展有限公司、广州金茶籽生物科技有限公司、中肥（河源）农资有限公司、中肥（肇庆）农资有限公司、广东肇庆回龙苗圃生产基地等。

截至 2015 年年底，潘鼎名通过并购和营林拥有或控制的林地资源已达 5.5 万 hm^2，其中桉树速生丰产林 3.5 万 hm^2。

作为企业经营者和管理者，潘鼎名一直要求全体员工要树立心中一盘棋的思想，凝心聚力破难题，求真务实求发展。绿源泰在他的领导下，已经组成了一支充满活力的精锐团队。

2016

曾令海

曾令海，1980 年毕业于华南农学院林学系林业专业，广东省林业科学研究院二级研究员，广东省林学会副秘书长。曾获广东省科技进步二等奖 3 项，三等奖 3 项；广东省农业推广一等奖 2 项，二等奖 2 项，三等奖 2 项；梁希林业科学技术奖三等奖 1 项。全国农林水利产（行）业劳动奖章获得者，全国优秀林业科技工作者、广东省农业科技先进工作者、全国生态建设突出贡献奖先进个人，享受国务院特殊津贴。

1995 年以来，一直从事桉树良种选育和高效栽培技术研究与开发。先后为嘉汉木业集团、中国树人木业集团等 20 余家中外企业、国有企事业单位和个体经营者提供技术支持与服务，营造林面积达数百十万公顷。选育绿宝佳优良高产无性系 3 个、互叶百千层优良无性系 3 个，培育优良桉树苗木数亿株。“桉树专用肥研究与推广”科技成果获广东省农业技术推广奖二等奖，参与编写了《中国桉树》（第 2 版），为中国桉树科技、人工林产业发展及国际合作等方面做出了积极贡献。主要业绩如下。

（1）积极开展桉树良种选育和商品林经营研究与开发，为生产提供科技支撑。 1995 年我国桉树大规模商业开发初期，在祁述雄先生的带领和引导下，开始参与桉树良种选育与商品林经营研究与开发，先后为嘉汉木业集团、深圳市绿宝佳等大型营林企业提供营造林规划设计、种苗培育和技术支撑，主持了中国树人木业集团（大埔）公司 3.3 万 hm^2 丰产林等大规模营造林规划规划设计，为广州兆润集团公司、梅州华润集团、广东景丰林业发展公司、国有林场、社区和林业部门长期提供技术服务与支持。

（2）坚持科技与生产密切结合，为桉树发展做出了积极的科学贡献。 在桉树科学技术研究与开发方面，针对生产实际，结合企业和区域情况，努力开展相关科学研究与技术开发，取得多项创新性成果。1997 年，针对嘉汉木业集团在河源的营造林工程，提出了灯塔盆地桉树良种选育与高效栽培技术研究与开发项目，得到嘉汉

■ 曾令海察看巨尾桉无性系对比试验林

■ 曾令海察看巨尾桉子代测定林

林业国际有限公司的支持，在科学整地、密度管理、肥分配置、施肥、抚育管理、环境保护等方面取得了多项创新性成果，为嘉汉木业集团首次进入广东开展大规模桉树营造林和社会推广起到了重要的推动作用。研制的桉树塑管容器育苗，使苗木质量显著提高，同时解决了种植中毁弃塑料造成环境污染的突出问题，得到广泛推广。特别是测土施肥和专用肥的研制与开发，取得了显著效果，林木生长量比该公司大规模应用的进口肥提高 3 倍以上，且价格低廉。在桉树大规模发展初期，该项技术的应用和示范，为当地企业、政府、社区和林农对桉树经营提振了信心，为粤东地区桉树的发展起到了重要的推动作用。密切结合实际，有针对性地开展科技活动和技术创新，为桉树发展做出了积极的科学贡献。

(3) 不怕艰难，敢于吃苦，长期工作在贫困边远山区一线，兢兢业业。1996 年以来，为帮助企业和林业生产单位种植和发展桉树，带领科学家团队，不怕艰难，长期工作在工作及生活条件极为艰苦的广东河源灯塔、广西百色田林等边远和贫困地区，开发建设桉树专业苗圃和提供营造林技术服务。工作期间，由于劳累过度经历过多次意外事故，九死一生，仍兢兢业业，为桉树人工林发展和山区脱贫致富做出了奉献。

2016

董智勇

董智勇，生于1927年，河北省滦县人，1952年毕业于东北农学院森林系。1952年6月参加工作，1956年10月加入中国共产党，历任林业部政策研究室科长、工程师，林业部森林保护局副局长，林业部副部长、高级工程师，林业部科技委员会主任委员，中国野生动物保护协会副会长，中国林学会第七届理事长。1994年退休，2008年享受副部级医疗待遇。

自20世纪80年代初始，董智勇作为我国林业主管部门的主要领导，分管全国林业科技工作。其间多次到广东、广西等地考察桉树产业，指导桉树科技工作，关心和支持南方速生丰产人工林的建设与发展。按照林业部的部署，落实雍文涛部长的指示，与广东省政府签订共同筹建桉树研究开发中心协议书，协调广东省林业厅抽调优秀干部负责该中心的筹备工作，解决土地划拨、资金拨付、干部任命、规划建设等具体问题，全力支持和保障项目顺利实施。积极推动中国与澳大利亚的国际科技合作，在外援遇到困难和波折时，董智勇毫不动摇，表示即使没有外援，中国也要建设好桉树研究开发中心，表现出坚定的决心和气概，为我国桉树研究开发奠定了基础，做出了突出贡献。

主要事迹如下：

① 20世纪80年代任林业部副部长，负责科技工作，指导广西东门项目实施；

② 1984年亲临国营雷州林业局考察桉树，指导发展；

③ 1986年指导筹建桉树研究开发中心；

④ 1987年亲自到雷州林业局签订协议，委派雷州林业局支援人、财、物，在湛江建立桉树研究开发中心；

⑤ 1987年广东省林业厅通知祁述雄调往广州，董智勇亲自说服广东省林业厅留下祁述雄筹建桉树研究开发中心；

■ 1986年，祁述雄（左一）陪林业部副部长董智勇（左二）考察

■ 1984年，林业部副部长董智勇（右一）到雷州视察桉树人工林

⑥ 1988 年 8 月为《中国桉树》（第 1 版）、2002 年 4 月为《中国桉树》（第 2 版）及 2011 年 7 月为《祁述雄文集》分别作序；

⑦ 1990 年为“纪念中国引进桉树 100 周年国际桉树学术研讨会”提字；

⑧退休至今仍关心、关注指导桉树产业的发展，每年均与祁述雄联系关心指导桉树的发展并担任林业工程质量监理顾问。

2016

郭洪英

郭洪英，生于 1973 年，四川省林业科学研究院科技处处长兼林木遗传育种研究室主任，研究员。2000 年参加工作，2001 年开始从事桉树良种选育、快繁技术研究与产业化开发工作。先后主持省部级以上科技攻关和成果转化项目 12 项，参加国家科技支撑计划、重大公益行业专项多项。完成成果 5 项，获四川省科技进步一等奖 1 项（排名第一）、二等奖 1 项（排名第六）、三等奖 2 项（排名第一、第五），认定桉树省级良种 4 个，建成年产桉树组培苗 3000 万株的组培中心。2006 年以来，在四川省推广桉树无性系造林逾 13.3 万 hm^2，全面推动了四川桉树无性系林业的发展。主持完成的“四川巨桉短周期工业原料林定向培育技术研究及示范推广”成果获 2008 年度四川省科技进步一等奖（排名第一），2011 年 12 月获第 11 届“林业青年科技奖”、第 12 届“中国青年科技奖”。先后荣获“全国女职工建功立业标兵”、四川省“三八红旗手”、“四川省先进工作者”等称号。担任全国青联第十一届委员会委员，四川省学术和技术带头人后备人选、四川省有突出贡献的优秀专家，中国林学会桉树专业委员会常务委员、林木引种与驯化专业委员会常务委员、青年工作委员会常务委员。

从事桉树研究 14 年来，一直带领团队致力于桉树北缘栽培区桉树良种选育、繁育技术研究与成果转化。在前辈工作基础上进一步收集保存桉树树种 43 个，保存种质材料 3000 余份，建成了我国桉树北缘栽培区最大的桉树种质资源库，确定了四川桉树人工林发展的主要树种、品种，选育并认定适宜四川发展的桉树优良无性系 4 个，为四川省及相似生态区木质原料林建设提供了优良品种，为桉树北缘栽培区的桉树良种选育工作奠定了深厚的基础。

成功研制了适合四川品种和气候条件的巨桉及其杂交种高效组培快繁和扦插育苗技术体系，创新性地提出了组培茎段基部微创处理促根技术，巧妙地解决了桉树

■ 2009年1月，“四川巨桉短周期工业原料林定向培育技术研究及示范推广”成果获2008年度四川省科技进步一等奖

■ 2015年10月，郭洪英在做桉树无性系四旁造林调查

组培根差苗弱的问题，单株苗木根量由平均水平 2~3 条增加到平均 6 条以上，并实现了“全方位立体生根，组培苗根强苗壮，移栽后的管理难度大大降低，移栽成活率显著提高，育苗周期缩短近 1/3”的效果。建成了年产巨桉组培苗 3000 万株的组培工厂，使四川省桉树优良无性系苗木生产走向规模化、产业化发展道路，使桉树组培苗产业成为四川省林业科学研究院科研成果产业化的亮点和支柱。在四川省内首次实现了植物组织培养技术在林业生产上的规模化运用，突破了长期制约四川林业产业发展的技术瓶颈问题，全面推进了短周期工业原料林的良种化进程，2006－2012 年短短 6 年时间，在全省推广巨桉无性系造林逾 13.3 万 hm^2，桉树无性系良种使用率从 0 提高到 90% 以上，为四川近 300 万 m^3 的林—板一体化原料林基地建设奠定了坚实基础。

2016

温建科

温建科是广州市丰绿林业科技有限公司股东之一，自 2007 年成立广州市丰绿林业科技有限公司以来，一直与丰绿技术团队群策群力，取得的成绩实乃整个丰绿技术团队的智慧结晶。现丰绿技术团队将在桉树领域的贡献事迹介绍如下。

一、种植方法

（1）免炼山。众所周知，传统的刀耕火种式炼山造林有很大的“副作用”，诸如野草复苏时间短、有益昆虫减少、申报程序繁琐且耗时长、水土流失严重及破坏生态环境等，这些问题困扰着广大造林者。丰绿技术团队一直致力于研究环保、轻松的种植抚育方法，积极倡导采用林业除草剂化学控草替代传统烧山种植。

相比传统炼山，免炼山具有不可比拟的独特优势：不存在炼山烧过边界的风险，不会出现毁人林地、意外人身伤亡的经济纠纷和赔偿问题；保留林中植被和有益昆虫，保持林地生物多样性，促进林地养分良性循环；保留白蚁的天敌及部分取食来源，降低白蚁取食幼苗的危害；林中植被覆盖物具有保水保肥效果，林中杂灌、杂草逐渐腐烂，有机质丰富，回归土壤中，增加土壤肥力，减少施肥量；幼林林木成活率 99% 以上，免炼山的林木材生长量和出材量大大高于炼山。

（2）二锄法。早期造林较多使用炼山后挖 40cm × 40cm × 30cm 或 50cm × 50cm × 40cm 规格深穴、施 0.5kg 底肥等大穴大肥种植方法，并且定根当年要追肥 0.5kg，由此造成工人劳动强度大、追肥次数多、整体成本高。丰绿技术团队根据实现轻松新林业的战略思路，于 2011 年研究出二锄种植法，一锄定点、二锄定深，挖不少于 15cm 深坑，施 100g 高性价比易乐施控释底肥。第二年无需追肥，仅通过叶面使用直升机、风神炮机喷施虫害防治 + 叶面肥适量补充。第三年年底穴施百得控释肥 400g，之后每年穴施百得控释肥一次，增产增收。根据丰绿技术团队在广东、广西、江西几十个桉树林地种植、跟踪、测量的数据，采用免炼山、二锄法技术种植的桉树长势良好，种植、抚育成本大幅度降低。

二、林业机械

（1）爬山虎运输机。林业工作强度大，令很多青壮劳动力逐渐流失，其原因在于林地条件恶劣、山势陡峭，在施肥过程中，人工多次反复背沉重肥料徒步上山，非常耗费体力。丰绿技术团队为解决此现状，引进使用爬山虎运输机，凭借其出色的承载能力、简单的操作方法极大程度减少了林业劳动量。

（2）风神炮机。目前，传统的人工割草、除虫成本大、效率低。传统的喷雾喷粉机杀虫效果较差，无法彻底杀虫、杀卵，而且林中工作强度大，山多陡峭，蛇虫鼠蚁等有害生物较多，工人在杀虫期间也很容易误吸入杀虫粉，造成各种后遗症状，严重威胁工人安全。

丰绿技术团队经过不断摸索，在推动轻松新林业大潮流下，顺利研究出风神炮机，现已广泛运用于免炼山林业除草和防治病虫害。其中，1 个台班的炮机可一天（8h）喷草 6.7hm² 或杀虫 13.3hm²，显著高于人工除草、喷粉杀虫工作效率。

（3）直升机飞防。丰绿技术团队认为，直升机飞防可在一定程度上避免因林业山地道路陡峭而造成效率低下的问题，目前不断完善直升机飞防技术，初步定于近期内全面启动，造福于林业发展。

三、林木间伐

当前很多造林者在林木 1 个轮伐期产量仅 105~150t/hm² 的情况下，实行一次全伐，结果利润微薄。为了追求更高产量，丰绿技术团队在国家林业局桉树研究开发中心技术人员的带领下，已开始对自有林地采用二次间伐技术操作模式。经丰绿技术团队近期在清新江北路林地采用间伐技术，7 年生桉树一次间伐得出 1 株树胸径 21cm、重达 446kg 的数据。

间伐的优点有：去弱留强，伐去部分较弱林木，为保留的林木创造良好的环境条件，促进其生长发育；通过抚育间伐能获得部分木材，增加利润；增强保留木的生长空间和营养面积，改变林下光照、温度和湿度条件，改善土壤理化性质，增强微生物的活动，从而促进保留木的快速生长，缩短培育期限。

丰绿技术团队在国家林业局桉树研究开发中心大力支持下，将继续沿着林木间伐这高产方向前进，力争取得更大技术突破。

四、家庭式抚育管理

由于造林者在造林过程中极少驻扎在现场管理，多采用随机时间检查的方法，因此林木遭受自然灾害、盗伐及虫害爆发，造林者仍懵然不知的情况时有发生。丰绿技术团队在针对上述问题的基础上，考虑人工成本和运输成本日益膨胀的情况，为更好集中化管理林业，降低林业现场管理潜在风险，创新推行家庭式森林管理模式，将后期的林业抚育和现场管理由家庭式承包管理。丰绿技术团队仅针对该林地承包管理的家庭成员做好技术指导、监督检查、后勤服务等管理性工作，对家庭式承包经营管理的林木进行长期有效的跟踪动态管理。

家庭式林地生态管理是丰绿技术团队在林业管理上的一大创新，推行家庭式森林管理是为了更好地在第一时间对林木进行实时管理和有效管理，同时也创建林下经济养殖业（鸡、鹅、鸭、羊）发展，充分发挥家庭管理人员主观能动性，做到人、动物、林业和谐均衡发展。经研究发现，创建林下经济养殖的林地比非林下经济养殖林地杂草有大幅减少的良好效果，同时林下经济养殖亦能产生不菲的利润，可谓一举两得。

五、业界巨头企业引进

温建科于 1993 年涉足农业，2004 年开始租山造林，2008 年全面退出农业，潜心钻研林业发展。由于多年来涉足于农林业，其结识众多业界知名巨头。经过穿针引线，先后促进住商肥料（中国）企业集团、美国施可得公司、以色列化工（ICL）、广西田园生化股份有限公司、德国巴斯夫股份公司、拜耳环境科学有限公司、意大利世科姆化学贸易有限公司等巨头企业在林业产业内的发展，带动了林业市场活性细胞，为广大造林者提供了更多优质产品选择。另外，丰绿技术团队每年举办两次以上林业活动，为同行搭建了一个很好的沟通平台，互相交流经验，促进共同进步。

2015年9月，温建科（左三）陪同广西斯道拉恩索林业有限公司团队参观丰绿太平林地

温建科（左二）陪同北京林业大学贺超教授等人参观太平林地

杨春光

2016

杨春光，生于 1969 年。广东省化肥工业协会会员、广东省肥料协会会员、中国林学会桉树专业委员会委员、广东省质量检验协会会员、肇庆市企业家联合会肇庆市企业家协会理事。1990 年毕业于肇庆市西江大学（现肇庆学院）化学系，2003 年创建广宁县华扬肥料厂。2010 年 6 月，中国人民大学研究生院的大学工商管理硕士（MBA）研究生进修毕业。

杨春光现为广东华扬环保股份有限公司董事长，旗下拥有华扬肥料和奥茵环境工程两大业务版块，“黑金子”桉树专用系列肥料为桉树业界追求环保、追求专业管理的客户提供优质配套产品，同时华扬科研团队为客户定制专业配套技术服务，在桉树业界享有盛誉。

2003 年杨春光开始涉足桉树行业，从此他便与桉树结上不解之缘，一直专注于桉树产业发展，为桉树产业奉献力量。专注桉树，不忘初心，经过十几载的努力和付出，杨春光现在是一位桉树成长高效营养的补给者，是反对桉树妖魔化言论的支持者，是桉树行业发展环保循环经济的推动者，是实现绿色产业中国梦践行的环保先锋。

2003 年，杨春光与华南农业大学新肥料研究中心合作共同开发“黑金子”高效堆肥核心技术，在广宁县科技局、环保局以及鼎丰纸业公司的大力支持下，创建了广宁县华扬肥料厂，主要利用造纸厂的造纸滤渣进行资源化利用，生产高品质的黑金子堆肥，将高活性的黑金子堆肥融合到桉树专用肥，以提高桉树专用肥的肥效，从而形成了“桉树—造纸—滤渣—桉树专用肥—桉树”的循环经济链，这种循环经济的模式不但为造纸企业解决了滤泥的环保问题，而且为桉树种植户提供高效长效的桉树专用肥。“黑金子”系列专用肥目前为超过 6.7 万 hm^2 的专业化桉树种植林区提供产品支持和技术服务。13 年来，为广东鼎丰林业有限公司、广西理文林业科技发展有限公司、惠州南油林业经济发展有限公司、湛江晨鸣林业发展有限公司等各大林业公司众多专业种植大户提供超过 30 万 t 的环保桉树专用肥料，同时专业化产品和技术服务为客户提高了森林蓄积量和产值及整体管理水平。

为了推动桉树产业发展，杨春光不断地改革创新，与国家林业局桉树研究开发中心开展广泛的合作。

2007 年华扬与国家林业局桉树研究开发中心进行深度合作，在广宁县华扬肥料有限公司组建高效桉树肥料研发中心，华扬科研团队与国家林业局桉树研究开发中心专家团共同研究高效桉树专用肥料，为桉树提供优质的营养剂。科研团队自主研发的实用新型专利有：一种应用于颗粒肥料生产的干燥筒、一种肥料包膜系统、一种肥料造粒烘干系统。

2009 年华扬与国家林业局桉树研究开发中心进行桉树研究的横向课题合作，在广宁县北市镇建立 $200hm^2$ 研究试验基地，主要进行“桉树速生林的生态保护的研究”、“如何提高桉树速生林的蓄积量”以及“桉树大径材培育研究”等课题。

2013 年由杨春光带领的华扬科研团队开拓创新，继造纸滤泥资源化利用生产桉树专用肥之后，华扬科研团队与国家林业局桉树研究开发中心专家团共同研发出应用于桉树育苗的有机基质，育苗效果得到了广大用户的认可。科研团队成功地将该项研究成果于 2015 年申请了国家发明专利，专利名称“利用造纸污泥快速发酵生产

2012年5月，杨春光（左一）与广西理文林业科技发展有限公司的技术人员在里秀基地察看桉树速生林

育苗基质的方法”。制定了桉树育苗基质的企业标准，为桉树育苗行业提供了指导性的意见。

随着桉树行业的快速发展，桉树在为国内填补木材缺口及带动当地经济发展的同时，也被一些牟利者的掠夺式经营所造成的影响而蒙上了不白之冤，桉树妖魔化的言论不断传播，出现了“抽肥机”、“抽水机”、“绿色荒漠化”等等一系列对桉树的污蔑。对于这些桉树危机论，杨春光极力反对，并始终认为要以科学的角度认识桉树，用科学的管理模式种植桉树，坚决反对只为牟利的掠夺式经营行为。

杨春光除了在自己的影响范围内让人们科学地认识桉树以及科学地种植和管理外，还积极配合国家国家林业局桉树研究开发中心开展《真实的桉树》的出版以及传播工作。

除此之外，杨春光坚持参加一年一度的全国桉树研讨会，担任专业委员会委员，支持协助论坛会务组的准备工作，身体力行，宣传推广桉树产业的科学理念和行业信息。

13 年风雨兼程，华扬积累了丰富的桉树专用肥料设计与生产经验，不但拥有了由国家林业局桉树研究开发中心、华南农业大学、广东省农业科学院土壤研究所、肇庆学院、山东大学等联合组建的产品研发和技术支持平台，形成了“黑金子”核心技术体系，牵手了众多的客户和事业伙伴，还沉淀了华扬独特的以环保、创新、共赢、发展，家业事业共兴为核心的企业文化。由杨春光带领的华扬环保也必将壮大发展，迈向卓越，为我国桉树产业的可持续发展做出更大的贡献。

2016

罗建中

罗建中，生于1969年，江西贵溪人。博士、研究员，现任国家林业局桉树研究开发中心育种研究室主任。1992年毕业于南京林业大学，获学士学位；2002年、2012年分别获中国林业科学研究院硕士、南京林业大学林木遗传育种专业博士学位。

一、桉树研究经历

1992年大学毕业后，一直在国家林业局桉树研究开发中心从事桉树研究工作。作为一名专业从事桉树研究的科研工作者，他以不算快但扎实的步伐成长，在过去24年中，他完成了林木遗传育种硕士学位、博士学位的攻读，并从工程师、高级工程师直到成为研究员。作为一名长期工作在桉树科研第一线的研究人员，他与国内外同行有着广泛的交流与合作，和桉树产业单位建立了密切的协作关系。基于对我国桉树发展状况的熟悉，针对桉树研究的需求，在他参与、主持的大量桉树研究项目中，为我国桉树研究发展发挥了重要作用。

（1）纸浆材遗传改良研究。从20世纪90年代初起，他重点参加了我国桉树纸浆材的新品种选育工作，在重要桉树的育种材料引种、保存和资源评价上承担了大量工作，特别是在桉树矮化育种园的建设技术、桉树的人工杂交育种技术体系建立上，做出重要贡献。深入开展了以纸浆材为主的桉树杂交育种研究，在桉树杂交种的亲本选配、桉树无性系选育等方面取得大量成果；在通过杂交改良桉树的速生性、抗风性和木材品质的理论探索和实践上均有取得实质进步，并带领他的团队形成了可持续的品种创制能力。

（2）耐寒桉树研究。在20世纪90年代末，从参加我国与澳大利亚政府间合作的研究项目“耐寒桉树在华南冷凉地区及澳大利亚的种质资源改良和培育技术

■ 2015年，罗建中在桉树新品种测定林中考察

研究”开始，在系统评估在我国建立的桉树引种试验的基础上，筛选出一批耐寒能力在 -10~-8℃之间、速生丰产的用材树种，成为我国的主栽耐寒树种，使我国桉树的生产区平均北移约 300km，5000 多万公顷的林地成为潜在的桉树发展区，这些树种包括：史密斯桉、蓝桉、直干蓝桉、亮果桉、邓恩桉、巨桉、柳桉和赤桉等。并在云南、福建、广西、湖南等地，建立主要耐寒桉树的种质资源库，制定其育种策略，为耐寒桉树在我国的长期发展打下了坚实的基础。

（3）桉树种质资源库建设。2006 年起，结合我国桉树纸浆材产业发展的需要，他致力于桉树高世代育种群体的建立。至 2012 年，建立了华南南部地区的 5 个重要用材树种的第二代育种群体，这些树种是：尾叶桉、巨桉、粗皮桉、赤桉、细叶桉，使我国桉树主产区的纸浆材育种全面进入高世代。同时，根据我国桉树发展对桉树种质资源的长期需求，在国家建设项目的支持下系统开展了我国桉树种质资源库的建设。种质资源库中，除了保存华南南部地区的主要树种，还分别在云南昆明、福建永安等地系统引进和保存了我国西南高原地区、中亚热带地区重要适生桉树的种质资源。

（4）研究协作网络的建立。在研究方向的选定上，他注重与产业发展的需求相结合，并在研究中与国内外同行建立深入的交流与协作关系。多年来，他的研究内容得到众多桉树产业各单位的大力支持，已在广东、广西、福建、云南等林业大省区与企事业单位合作建立研究协作网点 40 余个，顺利实施了大量研究项目；他是我国首个林业“产学研”合作组织“中国桉树育种联盟”（现为“桉树产业技术创新战略联盟”）的核心创建人之一，并长期负责其运转工作，该组织已顺利运转 10 年，选育的桉树新品种超过 100 个。同时，他与澳大利亚、芬兰、马来西亚、日本、泰国等国建立了合作与研究关系。

二、取得的成绩

（1）主要研究成果。经鉴定和认定的主要研究成果有 4 项：耐寒桉树种质资源

■ 2015年，罗建中与国家林业局桉树研究开发中心的托里桉

改良及培育技术、桉树优良耐寒树种本沁桉和多利桉、桉树胶合板材良种选育及定向培育技术、粗皮桉遗传改良。其中，“耐寒桉树种质资源改良及培育技术”成果于2011年获得中国林学会梁希林业科学技术奖二等奖(排名第二)。

获国家授权的桉树新品种6个：分别为新桉1号、新桉2号、新桉3号、新桉4号、新桉5号、新桉6号。

建立南方国家桉树种质资源库：收集保存在我国具有重要经济价值的桉树24种(亚种)，分别保存在广东省湛江市、广东省肇庆市、云南省昆明市和福建省永安市，建成基因保存林105 hm^2，保存基因资源3000份；建成种质资源离体保存库1个，保存种质材料2000份。

（2）发表论文/论著。共发表研究论文40余篇，其中收录SCI论文10篇。近期代表性论文包括：

① Genetic variation in *Eucalyptus camaldulensis* and *E. tereticornis* for early growth and susceptibility to the gall wasp *Leptocybe invasa* in China. Euphytica,2014（196）:397–411.

② Veneer grades, recoveries, values from 5-year-old eucalypt clones. Annals of Forest Science,2013，（70）:417–428.

③ Variation in Pulp Wood Traits between Eucalyptus Clones Cross Sites and Implication for Development Strategies.Journal of Tropical Forest Science, 2012,24(1):70–82.